一天中万物运转的奥秘

揭秘生活中的科学问题

〔日〕左卷健男　编著
董　然　　译

中国妇女出版社

著作权合同登记号　图字：01-2022-2926

图书在版编目（CIP）数据

一天中万物运转的奥秘 ：揭秘生活中的科学问题 /（日）左卷健男编著 ；董然译. -- 北京 ：中国妇女出版社，2023.5
ISBN 978-7-5127-2179-1

Ⅰ.①一…　Ⅱ.①左…　②董…　Ⅲ.①科学知识－青少年读物　Ⅳ.①Z228.2

中国版本图书馆CIP数据核字（2022）第187025号

策划编辑：王　琳　　**封面设计**：季晨设计工作室
责任编辑：张　于　　**责任印制**：李志国

出版发行：中国妇女出版社
地　　址：北京市东城区史家胡同甲24号　　邮政编码：100010
电　　话：（010）65133160（发行部）　　65133161（邮购）
邮　　箱：zgfncbs@womenbooks.cn
法律顾问：北京市道可特律师事务所
经　　销：各地新华书店

印　　刷：三河市祥达印刷包装有限公司
开　　本：150mm × 215mm　1/16
印　　张：15
字　　数：200千字
版　　次：2023年5月第1版　　2023年5月第1次印刷
定　　价：59.80元

如有印装错误，请与发行部联系

序　言

如果你有以下需求，那么这本书正中下怀。

- **对科学充满兴趣却苦于无从下手。**
- **想通过一种通俗易懂的方式了解各种自然现象与身边各种事、物的构成及原理。**
- **希望通过图文结合的方式学习。**

从清晨到夜晚，从起床到入睡，我们的日常生活因为科学技术的存在而变得越来越方便、越来越舒适。但是大部分情况下，我们就像使用黑匣子一样使用着这些科技产品，对于机器的内部构造是怎样的、它的工作原理是怎样的，我们一无所知。

不过，不了解工作原理，并不妨碍我们使用这些科技产品。因为面对很多产品，我们所需学会的操作只有“开”与“关”。

尽管如此，如果我们在生活中再多一些好奇心，再多一份求知欲，偶尔停下脚步问问自己“这件事是怎么发生的？它的原理是什么？”，那我们的生活可能会变得更加有乐趣，也更加有意义。

其实，在我们每天的生活中，科学无处不在。除了那些给我们生活带来便利的科技产品外，在其他场合同样也可以发现科学的影子。

无论是有关生命本身，还是我们的跑、跳等日常行为，或是日常生活中见到的各种自然现象，科学无处不在。

当我们有意地用科学的眼光重新审视身边的事物，就不难发现是各种五花八门的科学支撑起我们每天的生活。

在这本书中，我们想通过一种简明易懂的方式来为大家解释这些存在于我们身边的科学现象。

在本书的创作初期，我们的团队很快列出了上百道有趣的题目。我们从中精选出 53 个，并用图文并茂的方式和通俗易懂的语言加以阐述，希望做到让读者读得轻松、读得明白。

本书编著者左卷健男，也就是我，是《理科探险》（*Rika Tan*）杂志的主编。本书编写组成员，除杂志的编委会成员和我以外，还有初中理科教师、高中理科教师、大学科学系教师、物理学研究员、地球科学系翻译家、科学与 IT 方面的自由撰稿人等来自不同领域的专业人士，共计 14 人。

《理科探险》杂志起初是作为一项科学交流活动，针对爱好科学的成年人而创办的，意在使大家“在看、学、玩中了解科学”。本书同样是科学交流活动的学习项目之一，目的也同样是以通俗易懂的方式让大家认识科学。

本书作者团队在编写过程中，通过电子邮件的方式交换意见，希望在保证本书内容严谨、准确的前提下尽可能做到通俗易懂，也希望读者能够从本书中有所收获。

最后，我要感谢两个人。一位是本书插图作者伊藤仓鼠先生。虽然本书作者很多，但他总能根据每位作者的需求做出及时的回应。另一位是 SB 创新株式会社视觉图书编辑部的石井显一先生。因为有了他的指导，本书才得以顺利完成。衷心感谢你们。

编著者　左卷健男

2020 年 11 月

目　录 

CONTENTS

第 1 章　上午会遇到的科学

第 2 章　白天会遇到的科学

第 3 章 从傍晚到睡前会遇到的科学

第 4 章　未完，继续！身边的科学

第 1 章

上午会遇到的科学

Q-01 为什么家中的电波表能够准确显示时间？

相信很多人起床以后的第一件事就是看表。由于电波表会在一天之中多次接收标准时间信号，所以总是能够显示正确的时间。那么，为什么它在室内也能够正确显示时间呢？

◎ 定期接收标准电波

在日本，有两处可以发射标准电波（电波表所依赖的标准）的场所。一处是 1999 年开始投入使用的大鹰鸟谷山标准电波发射站（40 千赫，位于福岛县）。随后，为了向西日本提供持续稳定的信号传输，以及作为备用信号发射站，羽金山标准电波发射站（60 千赫，位于佐贺县）于 2001 年开始对外发射信号。

在建设信号发射站时，之所以会设置 40 千赫及 60 千赫两种不同的频率，是为了避免相同频率的电波之间产生干扰而引起误差。电波表正是通过每天多次接收由这两个发射站所发出的电波，来调整自身时间的。

铯原子钟是一种精准度非常高的计时工具，它能确保 1 亿年仅有 1 秒的误差。电波发射站发射的电波就是以铯原子钟显示的时间为基准的。在发射站发出的标准电波中包含时、分、日、年（公元年份的后两位）、星期、闰秒等信息。电波表通过内置的无线电接收系统接收标准电波，经处理转换为时间信息，再对表盘指针与日历进行自动校准后，就可以保持自身所显示的时间与标准时间同步了。

◎ 无线电长波的利用使得电波传递范围更广

所谓长波（Low Frequency，LF），是指频率在 30 ～ 300 千赫，波长为 1 ～ 10 千米的电波。电波手表使用的一般是频率为 40 千赫及 60 千

图 1　日本两处电波发射站

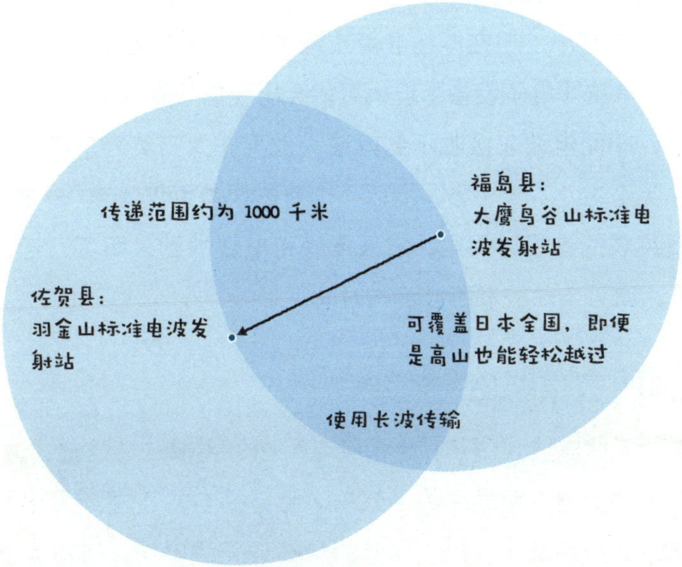

虽然仅福岛发射站就几乎覆盖日本全国，但 2001 年佐贺县羽金山标准电波发射站的建立，使得电波的覆盖范围更广。

图 2　越过障碍物的长波

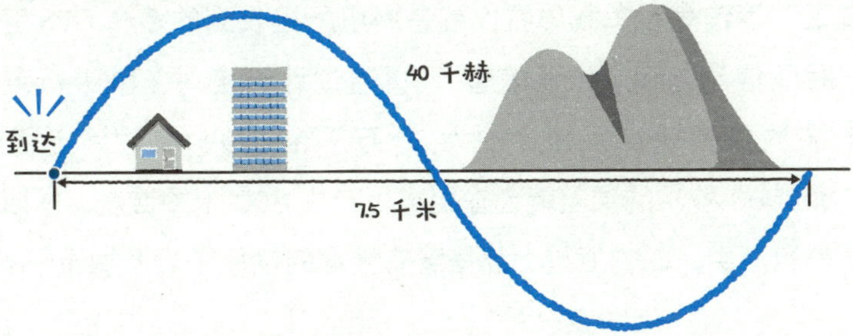

长波能够轻松超越高楼。

赫的长波。顺便提一句，广播电台一般采用频率为 300 千赫～3 兆赫的中波，它的波长较长波要短。对于电波来说，波长越长，受到建筑、地形的影响就会越小，但在钢筋混凝土浇筑的大楼中信号会有所减弱。另外，手机、电脑等电子设备附近也可能会出现信号受到干扰的情况。

但是，即便电波表接收不到电波，也可作为石英表来使用。一般的石英表，误差约为 1 天 1 秒，所以 1 个月的误差也仅为 20～30 秒左右。在作为石英表的这段时间里，它只需静待电波的到来即可。当它一旦捕捉到电波，便可自动校准所显示的时间。

◎接收 GPS 卫星电波的卫星表

特高频无线电波（UHF）是指频率为 300 兆赫～3 吉赫，波长为 10 厘米～1 米的电波。距地表约 2 万千米上空的 GPS 卫星所发出的就是频率为 1575.42 兆赫及 1227.60 兆赫的特高频无线电波。在市面上出现了一种新的卫星表，就是利用了 GPS 卫星所发射的电波中包含的时间信息，来修正自身时间的。

特高频无线电波虽然无法穿透大型障碍物，但由于电波是由高空直接发射至地面，所以并不会影响卫星表正常接收信号。

GPS 卫星所发射出的电波中除包含“正确的时间”外，还包含“卫星位置”等信息。车载导航仪就是利用所接收到的多个 GPS 卫星信号中的“时间信息”和“位置信息”，再通过计算来对车辆进行定位的。由于电波的传播速度极快，约为 30 万千米 / 秒，在时间上仅仅 1 微秒（1/1000000 秒）的误差就会在距离上产生 300 米的误差。所以，为了避免误差的产生，GPS 卫星上都搭载有精准的铯原子表及铷原子表。

图 3　通过接收标准电波来校准自身时间

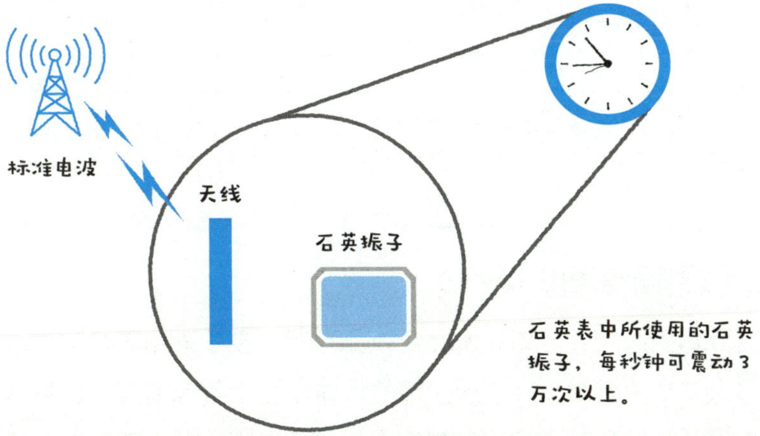

电波表能够接收到标准电波时，可自动校准自身时间。在无法接收到电波处，可作为石英表使用，误差为每个月 20 ~ 30 秒。

图 4　卫星表

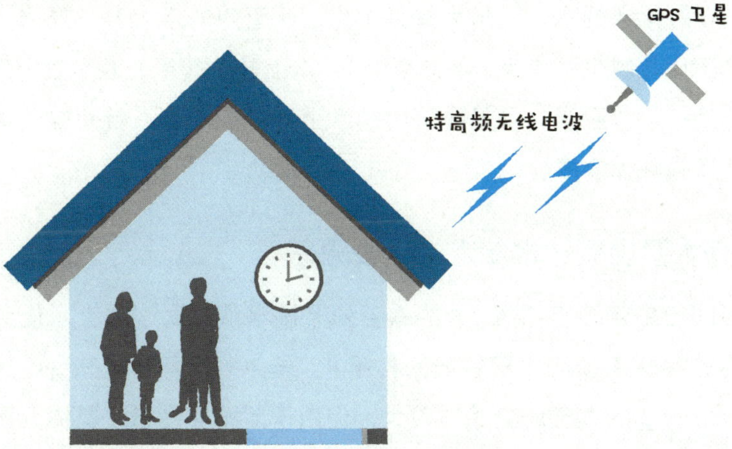

卫星表所利用的是 GPS 卫星所发射的特高频无线电波。虽然特高频无线电波穿透障碍物的能力较差，但由于是从空中直接射向地面，所以受到的影响并不大。

Q–02 抽水马桶的虹吸原理究竟是什么？

相信很多人起床后的第一件事就是上厕所。有些抽水马桶仅用少量的水，便能够将马桶中的污物排出，所利用的便是虹吸原理。那么，这个原理具体是什么呢？

为什么用吸管可以喝到水？

当我们用吸管喝水时，水之所以能够顺着吸管进到嘴里，是因为有空气（大气）的帮助。我们所生活的地球是被空气包围着的。虽然我们平时感受不到空气的存在，但其实大气层相当厚，在 1 平方厘米的地面上大约有 1 千克的空气。由大气所产生的压力就被称为气压（大气压）。

当我们用吸管喝水时，吸管中的空气减少，气压下降，水就会代替消失的那部分空气进入吸管内（图 1）。这时若我们继续吸，水自然会流进嘴里。

1 立方厘米的水，重量大约是 1 克，吸管内的水上升 1 厘米，表示管内空气压强减少了 1 克 / 平方厘米[①]；水上升 2 厘米，表示管内压强减少了 2 克 / 平方厘米。可见吸管内的水上升多少厘米，就意味着吸管内的空气压强减少了多少。

没有水泵也能让水流走的虹吸原理

当图 2 中连接容器 A、B 的软管处于满水状态时，那么水便会从水面较高的容器 A 流向水面较低的容器 B。虽然对于两杯水来说，施加在位置较低的 B 的大气压会相对较大，但由于差距实在微乎其微，所以可以忽略不计。

① 压强指物体单位面积上受到的压力，国际单位是帕斯卡（Pa）。液体压强通常用液体密度 × 重力加速度 × 液体深度表示，此处简化计算过程，用重量变化代替压力变化。

图1 能用吸管喝水是由于有大气压的帮助

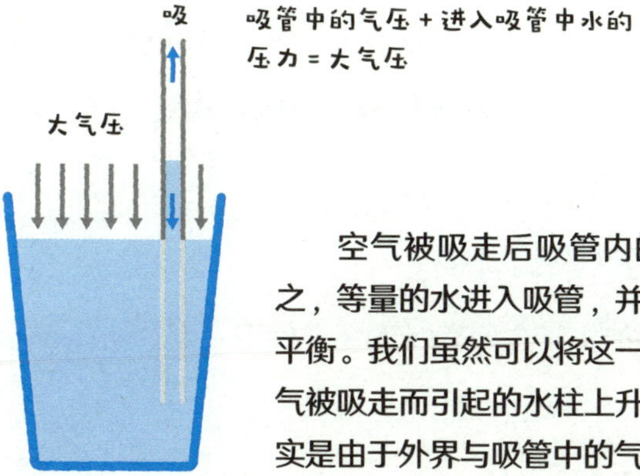

空气被吸走后吸管内的气压下降，随之，等量的水进入吸管，并与外界气压达到平衡。我们虽然可以将这一过程看作因为空气被吸走而引起的水柱上升，但严格来说其实是由于外界与吸管中的气压差所引起的。

图2 虹吸原理

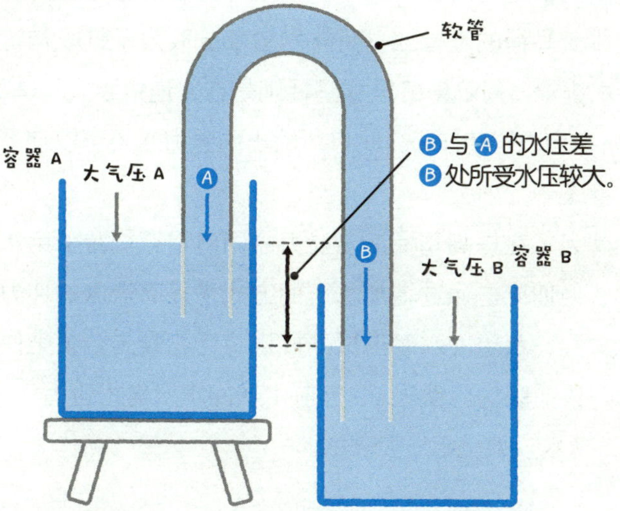

与大气压A相比，大气压B相对较大，但两者差距极小。而A口处水压较B口处大，两处所受水的压力差便引起了水由容器A流向容器B。当两容器中水面相平时，由于失去了压力差，水自然就停止流动了。

对于软管 A、B 两出口所受压力来说，由于存在高度差，所以 A 处所受压力较大。A、B 间的压力差造成了水由 A 流向 B，这就是虹吸原理。当两处水面持平时，由于压力差的消失，水便不再流动。若我们仔细观察软管的 A 口就可以发现，水就像被水泵吸进软管一样。抽水马桶利用的正是这一原理。

清洁力超强的虹吸式马桶

抽水马桶流出的水，主要有以下 3 个作用。

①冲走污物。

②清洗坐便器。

③利用保存在坐便器中的水来隔绝排水管（下水道）中的臭味。

作用①所利用的便是虹吸原理。图 3 是几幅简易的抽水马桶构造图。第一种直排式马桶是利用蓄水箱中的水流冲力直接将污物排出。虹吸式马桶是在直排式马桶的基础上，将排水管部分改为了虹吸构造，利用虹吸原理将污水排走。而喷射虹吸式马桶则是在普通虹吸式马桶的基础上，在马桶底部增加了“喷射口”，此口所喷出的强力水流可以使马桶的清洁力得到进一步提高。

各大品牌为了在提高马桶清洁能力的同时尽可能减少用水量，可谓想尽了办法。他们或是通过增加水压的方式来提高流水的冲力，或是通过调整出水方向，利用冲水时形成的旋涡将污物卷走。某坐便器厂商的网站上显示，该品牌的坐便器 20 年前 1 次冲水所需水量为 13 升，现在仅为 3.8 升，节水效果是相当显著的。

图 3　抽水马桶排水方式

直排式

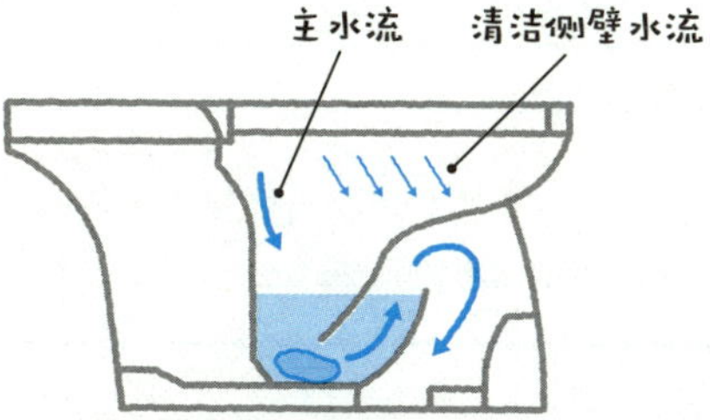

为了使流出的水有足够的力量清洗马桶并带走污物，用水量会较大。

虹吸式

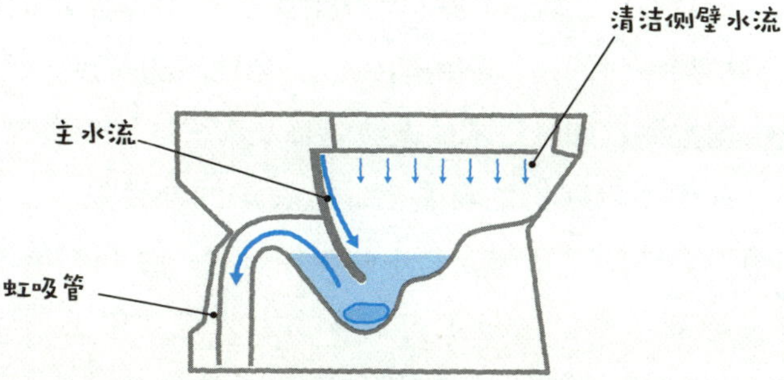

利用虹吸原理使马桶中的污水及污物像被吸走一样带进排水管，这种方式与直排式相比可以减少每次的用水量。

喷射虹吸式

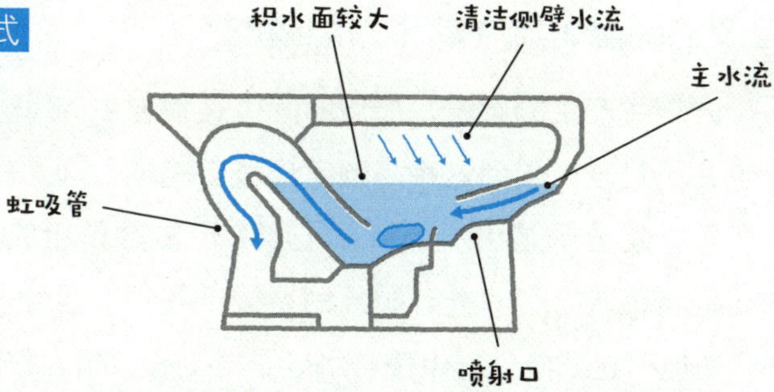

主水流与清洁侧壁的水流分别从两个不同的出口流出。底部的喷射口喷出的主水流，可以强制引发虹吸作用。底部积水面积的增大，可以减少污物的附着。

Q—03 微波炉是如何加热食物中的水分的?

微波炉，在忙碌的清晨相当重要。它能够利用微波的能量来加热食物中所含的水分。那么，食物中的水分子又是怎样振动而被加热的呢?

“不用火也能加热食物！”——微波炉的诞生可以说是食物加热领域的“革命”。日本于 1962 年开始实现家用微波炉的量产。随后，由于微波炉加热时间短、不用明火、安全性高的特点，迅速在全日本得到普及。据推测，如今日本的微波炉普及率已达 96% 左右。

从图 1 中我们能够看出，微波炉的外壳是一个能够隔绝电波的密闭箱。微波炉工作时，其中的磁控管会产生强力电波（电磁波），并通过波导管作用到微波炉内的食物上。这些电波频率非常高（2.45 吉赫 =2450 兆赫），因此被称作微波。这里的“吉”代表 10 亿（10^9），也就是说，微波每秒钟的振动次数可达 24.5 亿次。

电波的能量是怎样转化为热量的?

微波炉所产生的微波，加热的其实是食物中的水分。虽然食物中的水分子并不是唯一受到这种高频电磁波影响的，却是受影响最大的。如图 2 所示，水分子是由 1 个氧原子和 2 个氢原子组成，化学式为 H_2O。它的结构特征决定了其具有明显的偶极子属性。而分子内两个正电荷对应一个负电荷这一特性，也使得水分子对电磁波极为敏感。

如图 3 所示，当只有一个水分子时，偶极子会根据磁场方向迅速改变自身方向。这时，分子内氢原子的位置会产生巨大变动，也就是“分子内旋转”。然而，对于液态水来说，决定其状态的因素是各个分子间的

图1 微波炉构造示意图

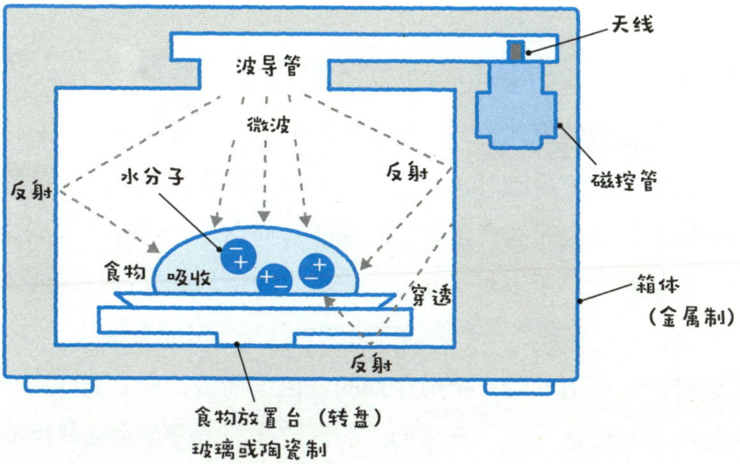

磁控管所产生的电波通过波导管发射并作用在食物上。虽然为了使食物均匀受热，波导管的出口已做了相应的设计，但由于炉腔内部的微波会发生反射，导致微波很难均匀分布。因此，很多微波炉选择通过旋转食物来解决这一问题。

图2 水分子的结构

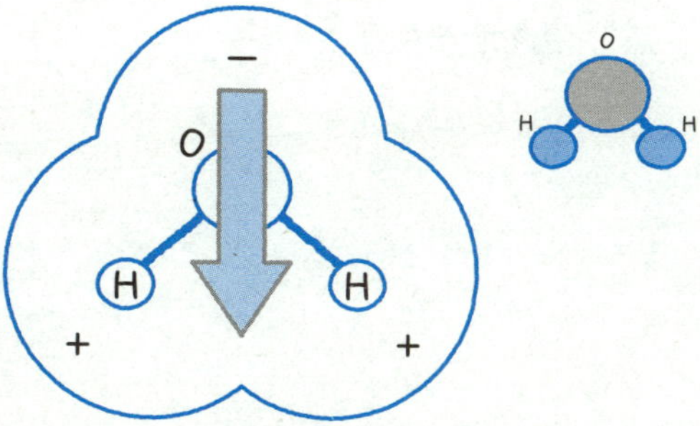

上图为较常见的水分子模型，也可表示为 H-O-H。水分子内的电荷并非均匀分布，中央的氧原子带负电荷，两端的氢原子带正电荷，并形成一个约为90°的夹角。在分子中，表示电荷分布情况的物理量被称为偶极矩，具有方向性。水分子中偶极矩的方向便是从负电荷指向两个正电荷中间。

关系。当磁场改变时，分子间会产生一种联动，而且这种联动的反应速度是快于分子内旋转的。

◎ 跟随磁场方向不断变化的水分子是热量的来源

液态的水与其他液体不同，分子间并非只是单纯聚集在一起，它们是“各自为政”的。通过对水分子的观察可以发现，拥有正电荷的氢原子会将相邻水分子中带有负电荷的氧原子拉向自己。水分子间的这一现象被称为氢键缔合。所以对于水分子来说，除了具有其他普通液体都具有的分子力之外，还多了一个氢键缔合的力作用于分子之间。

氢键缔合可以看作图 4 中分子间的灰色细箭头，在它的作用下，一个个独立的水分子连接成了一张网。然而这样的氢键缔合轻易就能被打破，然后在不同的水分子间重新建立起新的氢键缔合。振动的磁场就作用在处于无序变化的分子网中。就像身处早高峰的地铁中，人们难以活动身体一样，每个水分子的动作也都是很不灵活的。它们整体的活动虽然会像图 4 那样基本保持与磁场一致，但由于分子间相互作用力的影响，会造成分子的“反应迟钝”。而动作不一致又会引起分子间的互相拉扯，在不断的拉扯中“热”便逐渐产生了。

图 3　偶极子会根据磁场方向改变自身方向

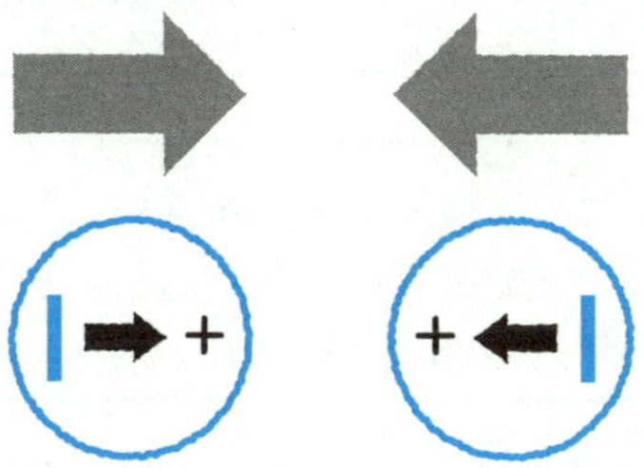

水分子中的氧原子带负电荷，氢原子带正电荷，具有偶极矩（黑色箭头）。因此，在磁场方向（灰色箭头）的影响下，偶极子会改变自身的方向。

图 4　液态水中水分子的运动

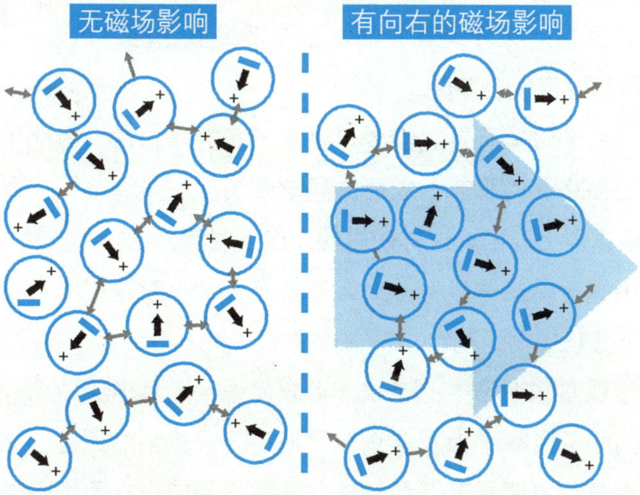

水分子间通过氢氧结合的方式形成网状结构，但并不稳定。若无磁场的影响，偶极子的方向通常是无序的，如左图所示。若将水置于向右的磁场中（如右图所示），那么偶极子的方向基本都会偏向右边（在热运动与氢氧结合网的影响下发生振荡）。若磁场方向变为向左，那么大部分偶极子的方向也会发生反转。但由于这种转变并非同时发生，所以难免会产生一些“特例”。

参考文献：江马一弘著，《光为何物》，宝岛社，2014

Q—04 味噌汤长时间放置后，汤中为什么会出现六角形花纹？

我们常会在吃早饭时喝一碗热乎乎的味噌汤。你有没有注意过，当味噌汤放置一段时间后，原本溶解的味噌会再次出现，并在碗中组成一个个小小的六角形花纹。你知道这是为什么吗？

从热力学的角度研究味噌汤

对流是指空气、水等气体或液体因不同部位温度不同而产生的相对流动。

若我们仔细观察就会发现，碗中热乎乎的味噌汤表面，会有白色的蒸汽出现。这就是味噌汤表面的水正在蒸发的证据。随着水分的蒸发，味噌汤表面的温度也会下降。

然而，由于碗本身导热较慢，具有一定的保温性，因此下层的味噌汤还保持着热乎乎的状态。表面的汤随着温度下降而下沉，取而代之的是下层的热汤浮上表面，这样碗内便产生了对流。

但碗中的对流并非只有一组，而是有多个小对流同时存在。因此才会出现多个形状规则的花纹。

再仔细观察味噌汤中的花纹，可以发现，六角形的边缘部分呈半透明，内部则由于聚集了大量味噌粒子而呈现较浓郁的颜色。这是由于六角形的边缘部分主要是下沉的液体，味噌含量较少；而中心部分则是由底部升起的液体组成，味噌含量较高。

以发现者名字命名的贝纳德对流

这种对流最早是由法国物理学家瑞利·贝纳德发现的，因此被命名为贝纳德对流。由于这种对流的构造十分规则且排列状态形似细胞，故被

图 1　味噌汤内的变化

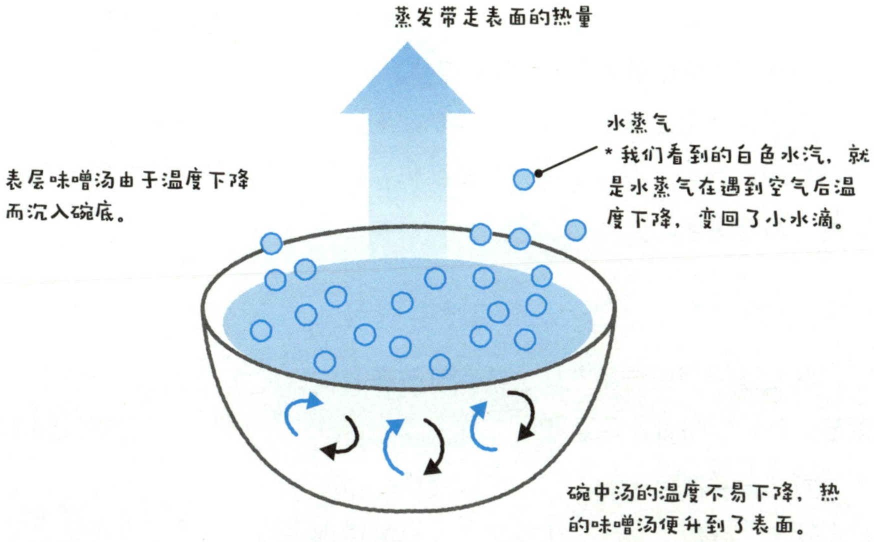

图 2　味噌汤中的六角形花纹

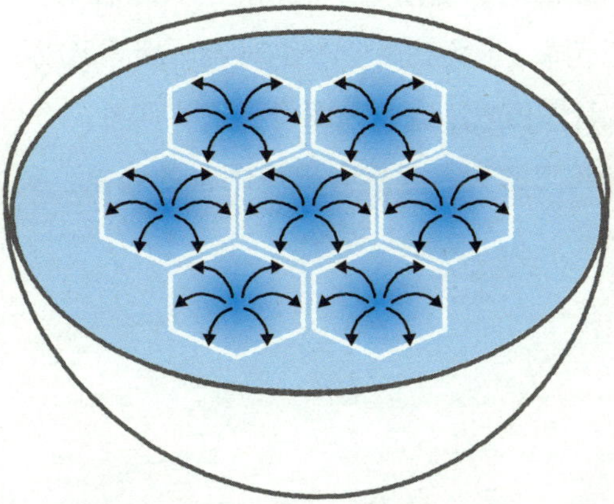

味噌汤中的贝纳胞与碗中的对流，从中间浓的部位上升，再从周围沉回碗底。

称为贝纳胞。我们在味噌汤中看到的六角形花纹便是一个个贝纳胞。

当我们向一个平底容器中注入薄薄一层黏性较高的液体，并从底部对其加热时，若能保持底部平稳、均匀受热的理想状态，则贝纳胞这一非常漂亮的六角形便会出现在我们眼前。

至于为何会呈现出六角形，科学家们大多认为是由于六角形能够均匀地将空间占满。但若是条件发生变化，也可能会出现由正方形将空间全部占据的情况。

碗中的“六角形”，天上的“卷积云”

味噌汤出现的这类花纹，其实有时在我们日常生活中的其他场合也能够见到，你知道是哪里吗？

答案就是天空。

你一定见过，一个个小云块十分有规律地排列在一起，布满整个天空，样子十分壮观。这类云在气象学中被称为卷积云，一般会在较高的空中出现。它的成因与味噌汤中“六角形”的产生相类似：温暖的气团上层遇冷，温度下降，便会在高空产生对流，从而形成卷积云。

卷积云常被看作低气压或台风即将到来的预兆。

手中的碗与头上的天，竟然会出现同样的现象，实在是件相当有趣的事情。

图3 能够将空间完全填满的图形

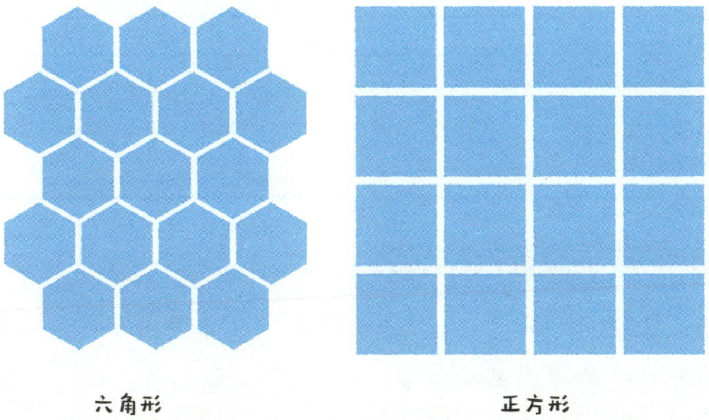

图4 卷积云

遗憾的是，大多数情况下，看到这样的云就意味着接连几天是坏天气了。

Q—05

为什么现磨的咖啡更香?

很多人都习惯早晨起床喝一杯咖啡。要想制作一杯香浓的咖啡，操作过程堪比做化学实验。现在我们就从咖啡萃取这一角度，看一看如何才能制作一杯顶级咖啡。

咖啡的美味是很难被定义的

首先，让我们来考虑一下，一杯美味的咖啡是由哪几个要素决定的呢？“美味”的首要因素自然是“味”。酸、甜、苦、辣、咸这五种基本味道，与麻、涩等多种要素相结合，形成了每种食物所特有的味道。除此之外，许多其他因素也会影响食物的美味程度。尤其是香气与质感（触感、口感），这两个因素已被证实对食物美味与否有着相当重要的影响。

由于每个人的喜好不同，因此对咖啡是否好喝很难给出一个统一的评判标准。目前普遍是从香气、苦味及酸味三个方面来对一款咖啡做出评判。若这三者能够完美平衡，并拥有香醇的风味则会被认为是一杯美味的咖啡。

烘焙与粉碎的作用是什么?

若要制作一杯美味的咖啡，烘焙是非常重要的一道工序。在烘焙过程中，生咖啡豆会发生化学变化，咖啡的独特风味便由此产生。那么，把烘焙好的咖啡豆放入热水中就能得到好喝的咖啡吗？答案当然是否定的。因为咖啡豆中的成分是很难溶于水的。

因此，将烘焙后的咖啡豆粉碎（研磨）也就成了一道必不可少的工序。磨成粉末后的咖啡豆，其表面积会是原始状态下的数十倍乃至数百

图 1 咖啡豆与咖啡粉的保质期

咖啡豆的保质期约为 1 个月。咖啡粉的保质期约为 1 周。

图 2 研磨后表面积增大

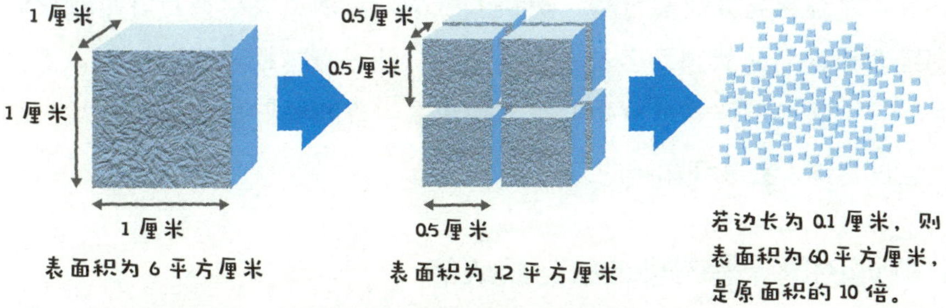

图 3 通过萃取与过滤来制作一杯美味的咖啡

通过向咖啡粉中注入热水制作而成的咖啡被称为滴滤式咖啡。这一过程虽然很常见，但它其实是化学实验中相当重要的两类操作——过滤与萃取的结合。注入热水可以萃取出咖啡中的水溶性成分，再使用滤纸进行过滤，使咖啡液与咖啡渣分离。

倍，其中含有的各种成分都能更容易地溶于水中。将咖啡豆中的特定成分分离出来的方法被称为萃取。对刚刚研磨成粉的咖啡进行萃取，可以将封藏在咖啡中的芳香成分完全释放出来，这样就可以得到一杯美味的咖啡了。在化学界，萃取是一种非常重要的实验方法。

◎ 现磨咖啡可减少风味的流失

一般的咖啡，香气会在研磨后就开始急速流失。当然，即便在豆子状态下，其香气也会流失，但研磨后的咖啡豆与空气的接触面大幅增加，不但会加快咖啡的氧化速度，还会使其更容易受潮，这些都会加重咖啡的酸味，让风味大打折扣。

所以，为了尽可能避免风味的流失，最好的方法就是购买咖啡豆，并且喝之前再将其研磨成粉。更讲究些的，可以试着尽量将咖啡颗粒研磨至大小均匀的状态。但若是研磨过细，使得咖啡粉表面积过大，那么咖啡豆中味道不好的成分也会被萃取出来。而且这些成分并不能被滤纸完全过滤掉，会破坏咖啡的口感。

◎ 咖啡的风味是由多种成分组成的

经过烘焙的咖啡豆所含的成分有数百种之多，并且其中还有很多成分是不被我们知道的。根据烘焙程度的变化，这些成分之间的比例也会出现变化。它们之间复杂的组合形成了咖啡独特的风味。咖啡中最有名的成分莫过于咖啡因了，它有消除疲劳和提神的功效。除此之外，已知成分中还有一种多酚类，它的作用是抗氧化。

图 4　烘焙后的咖啡豆中所含成分

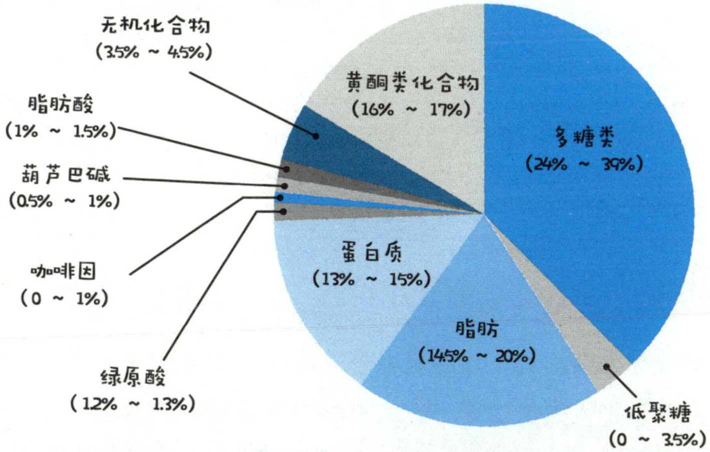

近年来，随着研究的不断深入，人们发现咖啡所含的部分成分也存在于一些药物中，对人体的健康会产生一定的影响。例如，有人指出咖啡对糖尿病、结肠直肠癌及帕金森病都有一定的疗效，但同时会增加肺癌的发病率，对孕妇也会有不良影响。关于咖啡，还有许许多多的未知在等待我们探索。

图 5　咖啡与各类茶中咖啡因的含量对比

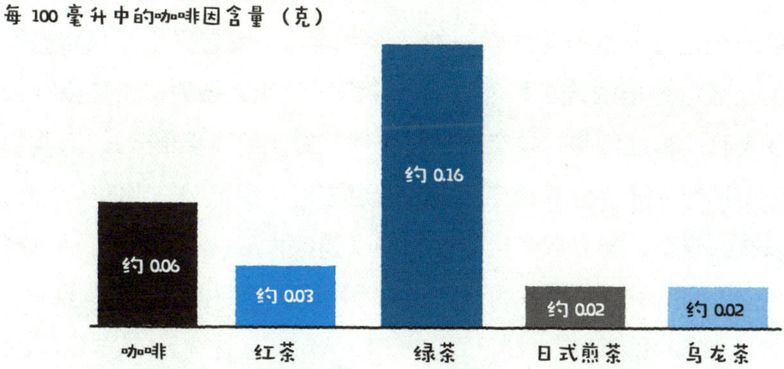

图中数据源于日本文部科学省《日本食品标准成分表（第 5 版）》。

Q-06 为什么手机、智能音箱能够听懂人的语言？

当我们对着手机、智能音箱呼唤“嗨，Siri”“小爱同学”“小度小度”时，它们会对我们做出回应。相信有些人每天早晨都会问问它们当天的天气。那么，它们为什么能够理解我们的语言呢？

为什么要说“嗨，Siri”“小爱同学”“小度小度”？

这些被称为唤醒词，作用是将系统唤醒。要做到这一点，就要求系统能够正确识别人类的语言，也就是需要有语音识别功能。这一功能会将人们所说的话转化为系统可以识别的声音信号。

被提取出的声音信号，通过电脑被转换为（电子）数据。其中有意义的文字便会被识别为有关联的语言。

深度学习在声音识别与自然语言处理中的应用

对于声音识别功能来说，深度学习是十分重要的。下面，就来介绍一下这些系统是怎样进行深度学习的。深度学习，就是将人类大脑的构造在电脑上通过数据的方式表现出来。这里所说的大脑的构造是指神经元（构成大脑的神经细胞）与突触（与其他神经元的连接部分）。人类的大脑中各个神经元通过突触相连接，并通过它们实现记忆、判断等功能。电脑则以此为模型，建立起多层神经网络（模拟大脑的构造），并通过对各个神经元之间的关联、关系的计算，来为最终的判断提供相关的数据。

例如，我说出“Gao Ji De”这一词。AI 系统首先会从“Gao Jie De”“Chao Ji De”“Kao Ji De”等发音相近的词语中，将我所说的“Gao Ji De”挑选出来。

图 1　检测唤醒词

搭载声音识别功能的手机、智能音箱，能够检测到人们所说的“嗨 Siri”“小爱同学”“小度小度”等唤醒词。

图 2　声音识别示意图

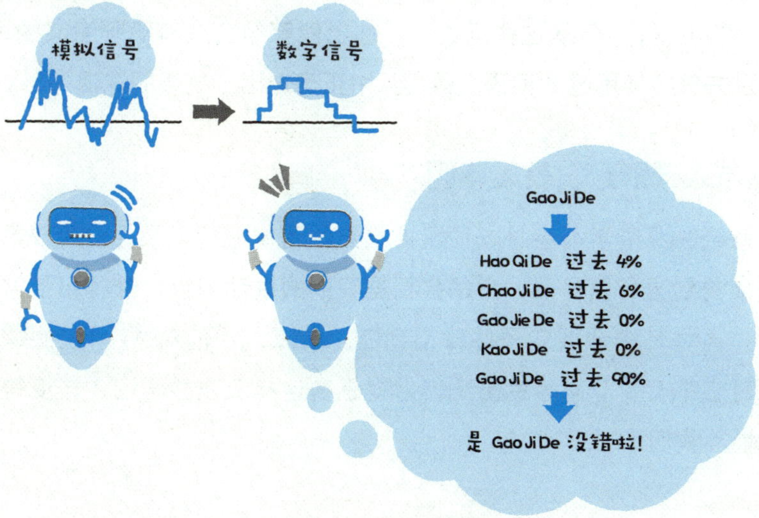

将模拟信号转化为数字信号，使电脑可以对其正确识别。图中，系统从“Gao Ji De”“Hao Qi De”“Chao Ji De”等音节中，选出了最适合的选项。但有时系统也会出错。

这一过程，系统所利用的就是深度学习这一功能。若系统曾经听到过“Gao Ji De”一词，那么它选择该词的概率就会提高。若系统同样听过“Chao Ji De”，那么这个词语就会是它的第二选择。像这样，系统将学习过的词语列为候选的过程就是深度学习。

其次，将声音识别功能所接收到的信息，按照正确的意思识别出来，利用的则是自然语言处理技术（Natural Language Processing）。例如，在说出“Gao Ji De”之后，我继续说“Wei Dao”。那么AI系统会与识别“Gao Ji De”一样，识别出我所说的“Wei Dao”，并将“Gao Ji De”“Wei Dao”理解为一个词组，在系统中找出与其发音相同且具有实际意义的词组。即先从“Gao Ji De”这一发音中，找出“高级的”“高几的”“告急的”等词语。其次，从“Wei Dao”的发音中找出“味道”“未到”“喂到”等。再从这些词语中，选出能够组合成有实际意义的词组，或是过去曾经使用过的词语。最后从中正确选出“高级的味道”。

越与人“聊天”就越聪明

系统的深度学习会将以往所接收到的语音进行记录并设置权重。在每次接收到语音信号后，它都会根据我们的说话习惯，选择出最常用的词语，再将其组合成句子并作出判断。所以，我们对AI所说的每一句话，对它都有着非常大的影响。它就是在这样反复的学习中，变得越来越“懂”我们了。

图 3　自然语言处理示意图

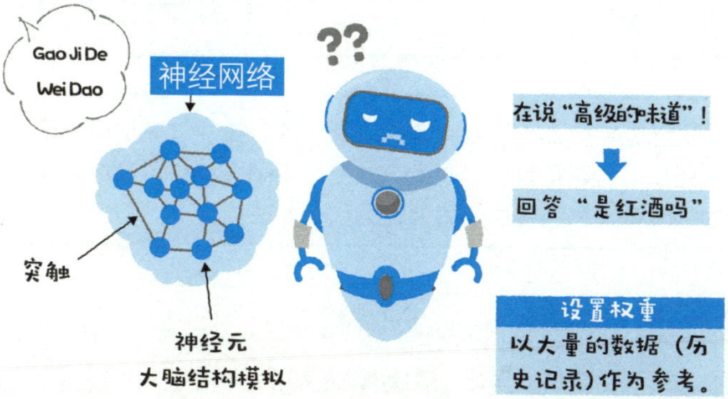

从“Gao Ji De”中选出“高级的”“高几的”“告急的”……再从“Wei Dao”中选出合适的词语，最终判断出所听到的为“高级的味道”。在这里，权重的设置是相当重要的。

图 4　在与人对话中进行学习

Siri、小爱同学这类智能系统，都可以通过与人的对话来收集数据，并自行学习。对话的内容会以历史数据的形式被记录下来，为权重的设置提供重要参考。

Q—07 口罩真的可以挡住病毒吗？

为了防止流感病毒、新冠病毒的飞沫传播，掩住口鼻是一个行之有效的方法。而戴口罩，则是掩住口鼻的方法之一。如今，口罩已成为大家外出时必不可少的装备，那么它的效果究竟如何呢？

细菌与病毒的区别

病原体是可以造成人或动植物感染疾病的微生物的总称，其中包括细菌、病毒等。细菌中又包括痢疾杆菌、肠出血性大肠杆菌、结核杆菌、肺炎球菌、霍乱弧菌等。病毒则包含流感病毒、新型冠状病毒（SARS-CoV-2）、诺如病毒等。

细菌与病毒有很多不同之处，大小的差异是区分两者的一个重要标准。细菌的大小多在 1 微米左右，在光学显微镜中是能够被观察到的。而病毒则多在 20 ～ 40 纳米，即便是最大的病毒，大小也只有细菌的十分之一，最小的甚至不到细菌的百分之一。光学显微镜已无法观察到病毒，需要使用电子显微镜才能让它们显形。顺便说一下，流感病毒的大小约为 100 纳米。（1000 纳米 =1 微米 =0.001 毫米）

飞沫传播是病毒的传播方式之一。病毒感染者在咳嗽或打喷嚏时会将含有病毒的飞沫排出。当这些飞沫再经口鼻被健康人吸入体内后，其中所含有的病毒一旦接触人体的黏膜，便有可能造成感染。能够形成这类传播的飞沫大多是 3 ～ 5 微米的小水滴。一般情况下，5 微米大小的飞沫在空气中的传播范围是 1 ～ 2 米。

接触传播是指直接接触皮肤或黏膜，或通过接触门把手、扶手、开关、按钮等媒介感染。除此以外，接触公用电脑的键盘、买东西时找回的零钱、超市及便利店的购物篮等也存在一定的感染风险。

图 1　细菌与病毒的大小

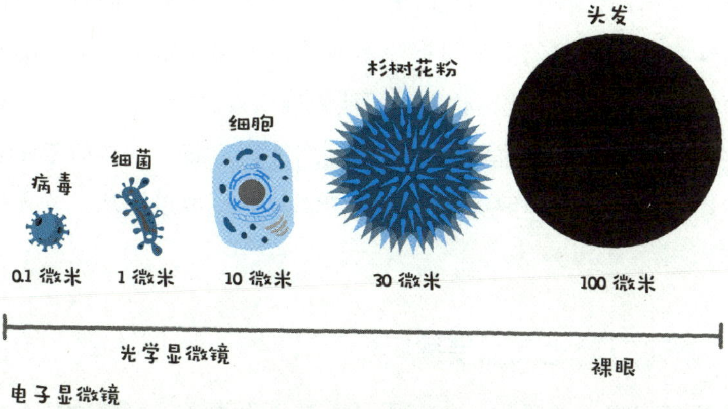

细菌在光学显微镜下可见，但病毒则需使用电子显微镜才可看到。

图 2　飞沫传播（含气溶胶传播）与接触传播？

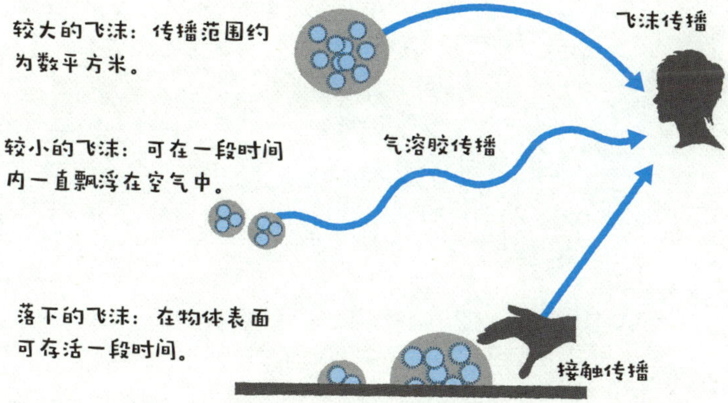

◎ 有咳嗽症状的人应积极佩戴口罩

流感盛行时，当我们出现咳嗽症状，也就意味着我们有可能已经感染流感病毒。这时我们应尽量在咳嗽时掩住口鼻，以防止病毒随着飞沫进一步扩散。而且，外出时也要尽可能佩戴口罩。

在口罩的选择上，推荐大家使用医用外科口罩。这类口罩由外层的抑菌无纺布、内侧的亲肤无纺布以及中间具有隔离过滤功能的无纺布夹层组成。

◎ 戴口罩可以防止飞沫传播吗？

口罩可以阻止的颗粒大小与无纺布的密度有关。单层无纺布一般可阻断 5 微米以上的颗粒，但由于口罩由 3 层无纺布构成，所以可以阻挡更多更小的飞沫。

另外，很多商家都会过分夸大口罩的性能。事实上，即便口罩本身的确能够阻挡绝大部分病毒，但口罩与我们面部之间的缝隙仍然会让病毒乘虚而入。因此，口罩与面部是否贴合也是决定其防护效果的重要因素。

图 3　无纺布口罩能够阻挡的颗粒大小基本为 5 微米以上

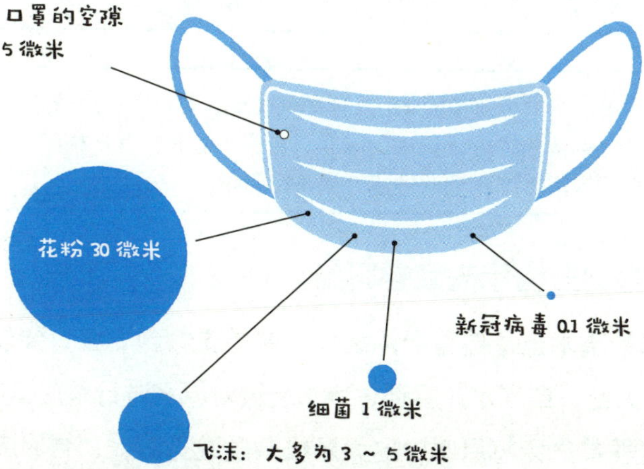

口罩的 3 层设计可以阻隔绝大多数细小的飞沫，防止病毒扩散。

图 4　口罩的漏洞

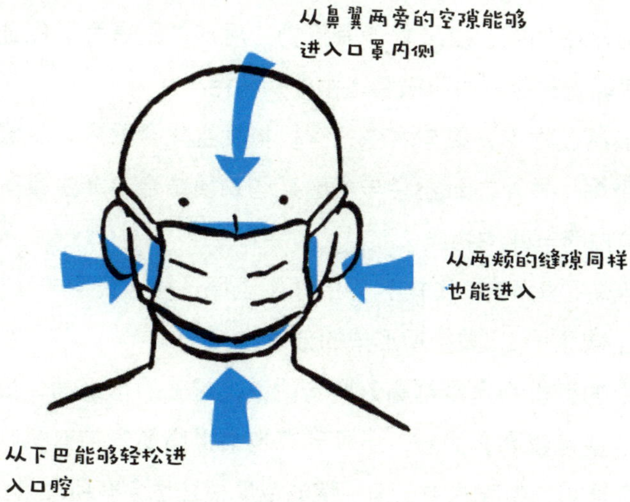

Q–08 长时间直接饮用自来水会危害健康吗?

日本的自来水虽可随接随喝，但还是有很多人对于其中氯气特有的味道，以及三卤甲烷的致癌性心怀疑虑。其实，自来水有着极其严格的水质管理标准，所以直接饮用基本不会对健康产生不良影响。

自来水中的三卤甲烷致癌吗?

自来水最基本也是最重要的条件，就是要做到无菌，要能够让大家安心饮用。为此，自来水厂会通过净水装置对原水进行杀菌、净化处理。

净化过程首先会将原水中的大颗粒杂质进行沉淀，再将其中的有机物分解，最后用氯进行杀菌消毒并送入千家万户。根据相关规定，经加氯消毒后的自来水，需保证城市水管末梢含氯物质的量不高于一定标准，以免致癌。

对自来水的消毒，一般要进行前加氯和后加氯两次处理。前加氯的目的是去除水中的锰、氨及其他有机物。后加氯则是为了保证自来水在向各个家庭输送的过程中不被管道中的病菌污染。

在前加氯过程中，氯与水中的有机物发生化学反应，生成具有致癌性的三卤甲烷。另外，氯还会与水中某些杂质结合，产生具有某种特殊气味或者漂白粉气味的物质。

三卤甲烷是指甲烷（CH_4）中的 3 个氢原子被卤素原子（氯原子 Cl、溴原子 Br、碘原子 I）置换所形成的分子。

原水中的有机物含量越高，换句话说，越脏的水经净化后所生成的三卤甲烷含量也越高。另外，温度升高也会提高氯气与有机物之间的反应，所以在夏季的自来水中三卤甲烷的浓度往往也会有所上升。

图 1　微生物对消毒剂的耐受度

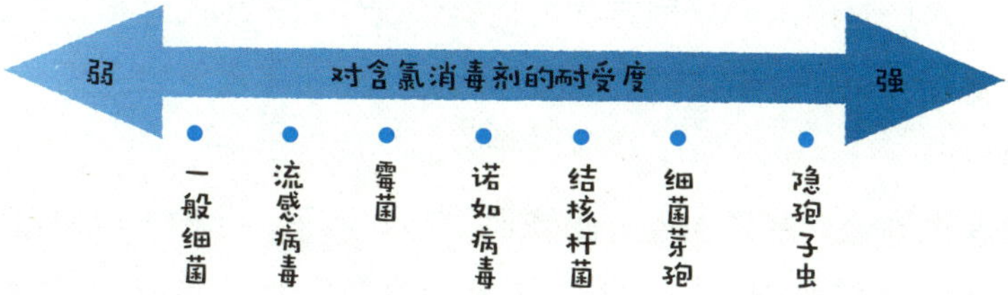

耐受度越强，消除难度越大。

图 2　三卤甲烷

1974 年，美国科学家曾发表过一篇关于自来水的文章。论文中指出“很多地区由于饮用了经过氯化处理的自来水，每 10 万人中癌症的死亡人数增加了 33 人”，而罪魁祸首就是自来水中所含的三氯甲烷。然而，这一说法被认为有夸大事实的嫌疑。

图 3　特殊气味的来源

三氯化氮具有刺激性气味，即便只有少量也能够被人察觉。

家中的自来水经历了怎样的净化过程呢?

自来水厂对原水的处理方式，也就是制作自来水的过程，主要分为慢速过滤法、快速过滤法以及高级净水处理法。下面就来介绍一下它们各自的特点。

慢速过滤法，就是在巨大的滤池中铺满沙子，让原水以每日 4 ～ 5 米的速度从中滤过，利用沙子中存在的大量微生物达到净化水质的目的。经这种方法过滤后的水会变得清澈且甘甜，但由于能够处理的水量小、占地面积大、不易维护等原因，在自来水厂中并未得到广泛使用。

快速过滤法是大多数自来水厂所使用的过滤方法。它与慢速过滤法的区别就在于用氯取代了微生物（前加氯）来净化水质。

高级净水处理法是一种新的净水方式。所谓“高级”，是指这类净水方法是在通常的净水处理的基础上发展而来的。代表方法有臭氧处理法、活性炭处理法、生物处理法等。例如，使用臭氧代替氯来对有机物进行分解。这种方法不但可以避免有刺激气味的氯化物产生，净化后的水口感甚至与矿泉水无异。

曾经有一段时间，人们对自来水相当不满，认为自来水太难喝。也就是从那个时候开始，自来水的处理方法从快速过滤法逐步转换成高级净水处理法。尤其是当作为水源的河水水质很差时，经快速过滤法处理后的自来水有很强烈的氯化物气味或者霉味。为此，自来水厂接到了大量市民投诉，这使得他们不得不改用高级净水处理法。东京及大阪的自来水，改变净水方式后在口感上有了巨大的提升。

图 4　快速过滤法示意图

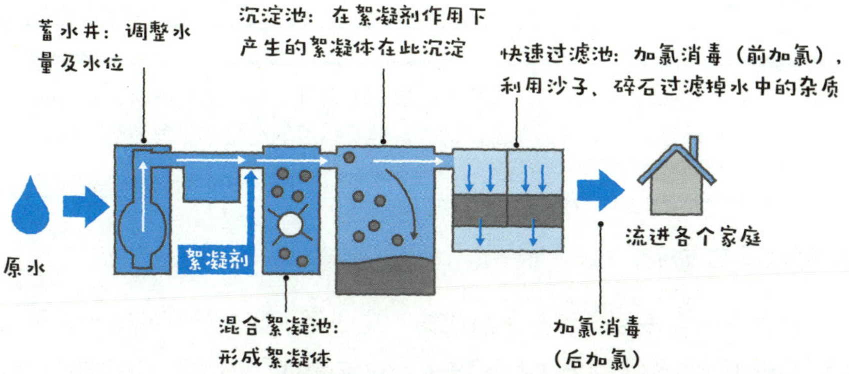

水中细小的杂质、细菌等，在化学试剂的作用下凝聚并沉淀。上清液以每天 120 ~ 150 米的速度通过快速过滤池中的砂石层，过滤掉其中的悬浮物。这种类型的过滤方法并不需要太大的占地面积。

图 5　高级净水处理法示意图

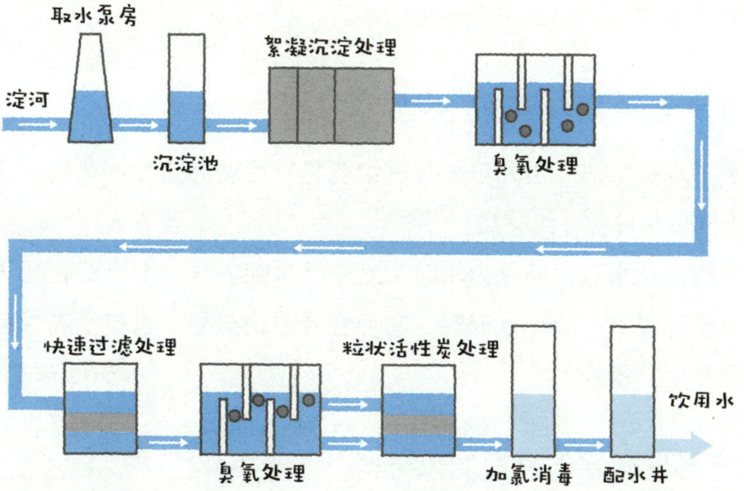

以大阪市为例，该方法不但去除了水中的霉味，减少了三卤甲烷的生成，同时也使水的口感变好了。

Q—09 “发热内衣”为什么会发热呢？

发热内衣的材质有很多，这里我们就来研究一下用吸湿发热材料制作的内衣的发热原理。简单概括地说，这类材料所利用的就是水蒸气液化过程中所释放出的热量。

水的状态变化

物质是由众多原子和分子组成的。这些原子和分子都非常小，即便将它们放大 1 亿倍也只有大约 1 厘米。众所周知，水的常见形态有三种，固态、液态和气态，也就是冰、水和水蒸气。这三种状态的区别就在于水分子间的结合方式。

固态与液态的水，水分子以聚合体的形态聚集在一起。而水蒸气中的水分子，则主要是以单水分子的形态存在，它们会以极高的速度自由地飞来飞去。

水的形态变化与热量的关系

液态水被加热（由外界向其提供能量）后便会变为水蒸气。这时水所吸收的热量被称作汽化热。

相反，当水蒸气液化为水时又发生什么呢？当一个个四处乱飞的独立水分子凝聚成一个小水滴时，它们会释放出热量。也就是说，水滴的周围温度会上升。

盘点那些有名的吸湿发热材料

人们很早以前就发现，羊毛纤维有很强的吸湿发热能力。它可以吸收人体释放出的水蒸气，使其凝结成小水滴，并利用这一过程中所产生

图 1　水的形态变化及分子聚集方式

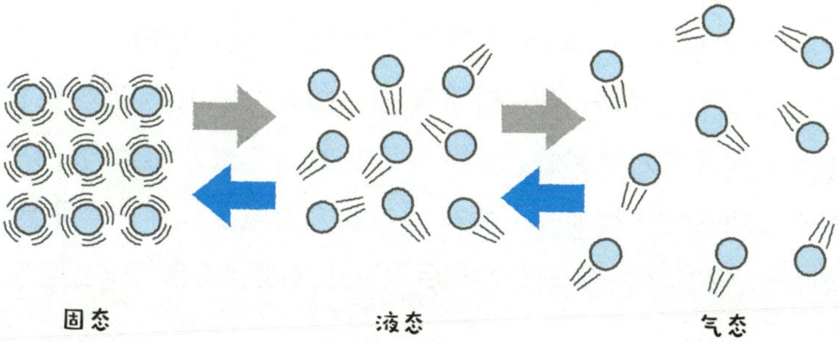

图 2　水和水蒸气互相转化，与汽化热、凝结热的关系

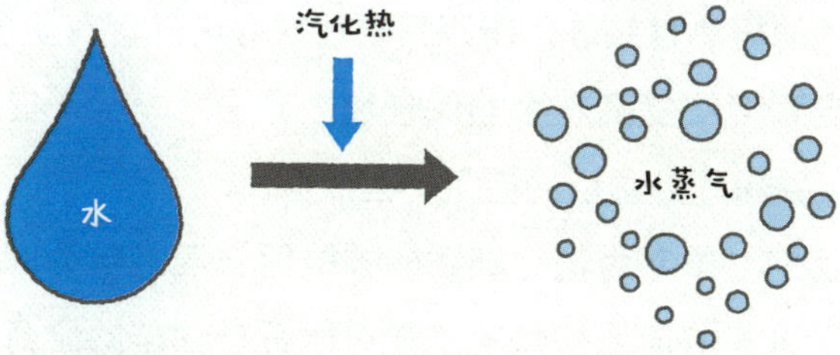

水吸收周围的汽化热变为水蒸气。

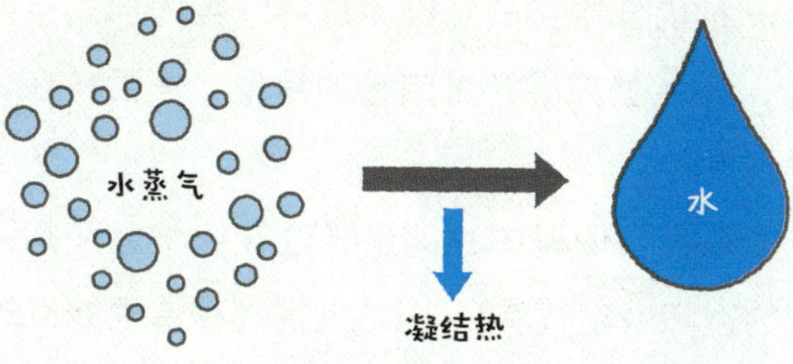

水蒸气凝结成水，释放出热量，这种热量被称为凝结热。

的凝结热来保温。然而羊毛却有着价格高、爱起球、不易清洗等缺点。

因此，人们开发出了比羊毛更细的纤维，利用增大纤维表面积的方式提高了纤维的吸水性。这就是前面提到的吸湿发热材料。

2003 年，优衣库开始在日本销售“HEATTECH 系列”保暖内衣，从此这一系列便成为经典款。各大化纤品制造厂也开始致力于研究怎样使吸水率较低的化纤材质尽可能多地吸收水蒸气。然而，即便是这类吸湿发热材料，在所吸水分达到饱和后也会让人感到不透气，甚至发冷。

加厚空气层可提高材质的保温性

吸湿发热材料最重视的就是保温性，而保温性又与空气有着密切的联系。

由于空气的导热性较差，所以只要让衣服内部保有更多温暖的空气，就可以在一定程度上提高衣服的保暖性。方法之一就是提高织物纤维中空气的含量，并保证升温后的空气不会散逸。

这里，我们以羊毛为例。细细的羊绒能够增加羊毛间的空隙，使空气充斥其中。这些被体温加热的空气可以覆盖住羊的全身，为它隔绝掉外部的冷空气。

另外，还有一种内部中空的纤维。这种纤维内部的空洞不但能够提高空气的保有量，还能够减轻纤维自身的重量，使面料在保暖和轻便两方面的性能都得到提升。

“HEATTECH 系列”保暖内衣则是通过在纤维之间加入超细的微腈纶来增大纤维间的空隙（空气层），以达到提高保温性的目的。

图 3　“HEATTECH 系列”保暖内衣的吸湿发热示意图

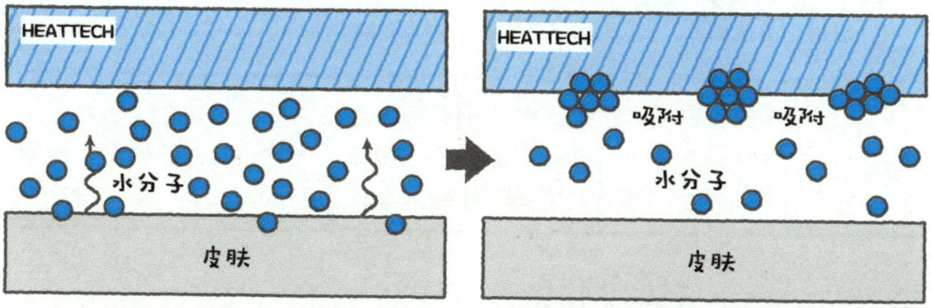

人体所释放出的水分子被“HEATTECH 系列”保暖内衣的纤维吸附。水蒸气在凝结为水时释放出热量。

图 4　为何羽绒服具有很高的保暖性？

羽绒与超细纤维一样，每根羽绒的间隙中也有大量的空气。羽绒服中空气的含量能达到 98% 以上，所以保暖性相当优异。

Q-10 地铁自动检票机的工作原理是什么？它是如何实现自动检票的？

我们每天乘地铁上学、上班时，都要经过地铁的自动检票机。它能够在感知到人的同时对车票进行快速处理，不但提高了人们进出站的效率，还减少了逃票情况的发生。那么，它的工作原理是什么呢？

◎ 通过红外线对人做出感知

全日本设有 2.7 万台以上的自动检票机。检票机主要由门扇、显示器、红外线传感器、IC 卡识别器及车票输送组件组成。车票输送组件负责读取乘客投入车票口的车票数据，再根据进出站的不同或是将车票打孔后传送至出票口，或是直接回收。

当乘客靠近检票机时，会被红外线传感器检测到，这时检票机的第一反应是关门。红外线传感器被设置在检票机通路的两侧，且数量不止一个。这是为了当其中某个传感器被行李或其他物品遮挡时，其他传感器能够保持正常工作。接下来，在乘客刷卡或投入车票的瞬间，检票机会查验车票信息。若识别为出站，则会计算所需票价并从卡中扣除相应金额。当确认信息无误后，检票机会开门让乘客通过。自动检票机就是在感知技术与计算机系统的帮助下，在一瞬间完成车票的检验、票价的计算、乘车卡的读取等一系列动作的。

自动检票机的历史其实已经很久了。最早的检票机是投币的转门式检票机。1927 年，日本在刚刚建成的东京地铁中使用了这种检票机。1969 年，使用磁介质车票的检票机投入使用，它与现在的检票机已经很相似了。2001 年，使用乘车卡的检票机投入使用并逐渐普及。

自动检票机最初被投入使用的目的是减少检票口的拥挤。因为自动检票机无须专人看守，既可以适当拓宽检票口，又可以通过增加台数的

图 1　既可刷卡又可投票的检票机

图 2　传送组件的内部构造

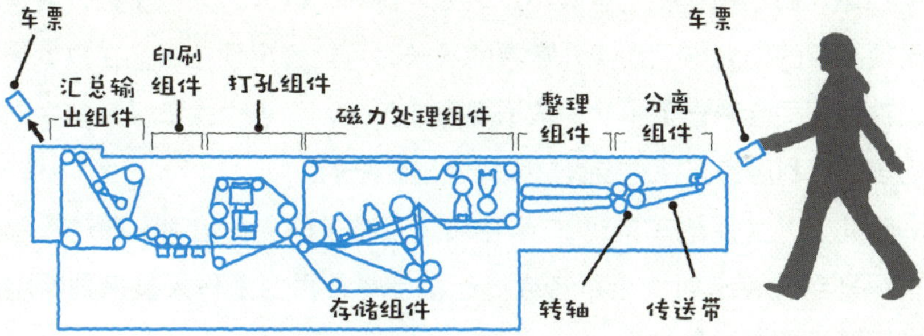

方法提高单位时间内的通过人数。另外，系统验票还可以提高验票的准确性，降低了恶意逃票的发生概率。

在提升客户满意度中的应用

最新的自动检票机不但可以刷卡通过，还可以通过刷手机进出站。检票机自身可发出微弱的电磁波（短波），当把 IC 卡或手机靠近感应区时，电磁波通过卡或手机内的电路产生芯片工作所需的电量，同时对其进行数据的读写。

对乘客来说，只要保证电磁波作用到 IC 卡上，即便是把卡放进卡包或背包中也能够顺利通过检票机。对车站来说，这也减少了回收车票的麻烦，可谓一举两得。

现在的自动检票机大多通过 LAN 电缆等与检票员手中的终端设备或车站的电脑相连，乘客的进出站记录都会即时传送至总部。这使查询 IC 卡的乘车记录变得更加容易，进一步减少了逃票等行为的发生。另外，乘客的进出站数据〔OD 数据。O 代表 Origin（起点），D 代表 Destination（终点）〕也变得易于统计，这些数据也可为进一步提升乘客满意度提供数据支持。

但是，自动检票机也有其不足之处。例如，区分大人与小孩，或是区分无须买票的幼儿与只需买儿童票的孩子时可能会出现错误。在日本，一般的铁路公司会将已上中学的孩子视为成年人，但小学六年级与初中一年级的孩子仅利用身高探测装置是很难做出区分的。

为此，儿童用的车票或 IC 卡中会记录孩子的生日信息，自动检票机会在识别到儿童卡时发出声音或亮起指示灯，再由工作人员来判断刚刚通过检票机的是否是孩子。

图 3　IC 卡的处理流程

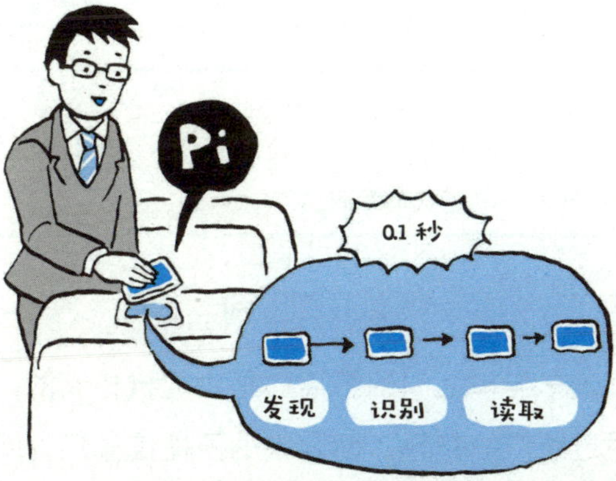

发现→识别→读取，完成这一系列动作只需 0.1 秒。

图 4　中国公交卡也利用了相同原理

卡中记录着持卡者的个人信息、乘车记录以及余额等信息。

Q-11 地铁为何能在如此密集的时刻表中实现正常运行？

对于首都圈的地铁来说，较繁忙的地铁线在高峰时段每辆车之间的间隔只有 2 分钟左右。本节就来介绍一下有关地铁时刻表的相关知识，以及实现如此密集的时刻表所需要的信号灯的工作原理。

地铁信号灯与公路信号灯的区别

在公路上，车与车之间的距离都是由司机控制的，信号灯的作用只是为了控制通过路口的车辆。而地铁的两盏信号灯之间只能容纳一辆列车，这被称作闭塞。

缩短闭塞的间距可以增加列车的数量，但当车辆速度过快时，过短的间距会导致列车在看到红灯后也无法及时停车。因此，地铁信号灯不是只有红、黄、绿三色，而是由红、黄 / 黄、黄、黄 / 绿、绿这五种来限制列车车速的。

例如，法律规定绿灯时列车的最高时速为 160 千米，黄 / 绿灯时最高时速为 130 千米，黄灯时最高时速为 65 千米，黄 / 黄灯时最高时速为 45 千米，红灯则为 0 千米。各铁路公司就是根据此规定，来调整闭塞区间中列车的速度以及与前车的距离的。

另外，当列车驶入经停站时，为了使列车在准确的位置停车，应提前减速再驶入车站。但也有些车站，列车可以以路过非停车车站时的速度驶入。这些车站往往轨道线很长，即便列车未能准确停在停车位，也不至于发生出轨事故，因此能以高速驶入。

过于密集的时刻表得以实现的条件

时刻表是列车运行时刻表的简称。图 3 是一幅时刻表的示意图，其

图 1　闭塞的概念

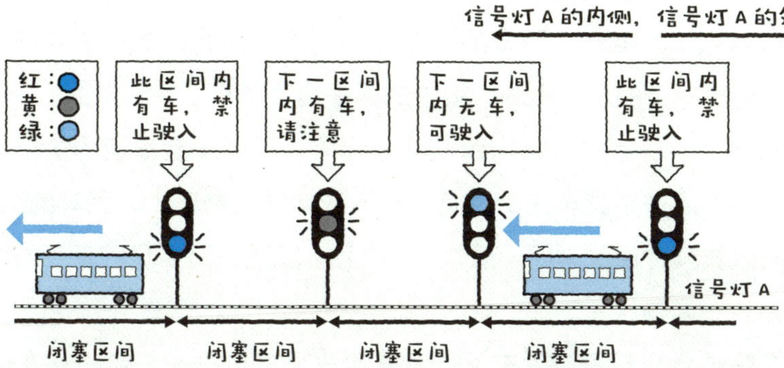

各闭塞区间为一个轨道电路。当列车进入该区间后，车轮架于两铁轨之间使该轨道电路发生短路，由此便可判断出区间内是否有列车通行。

图 2　地铁信号灯示意图

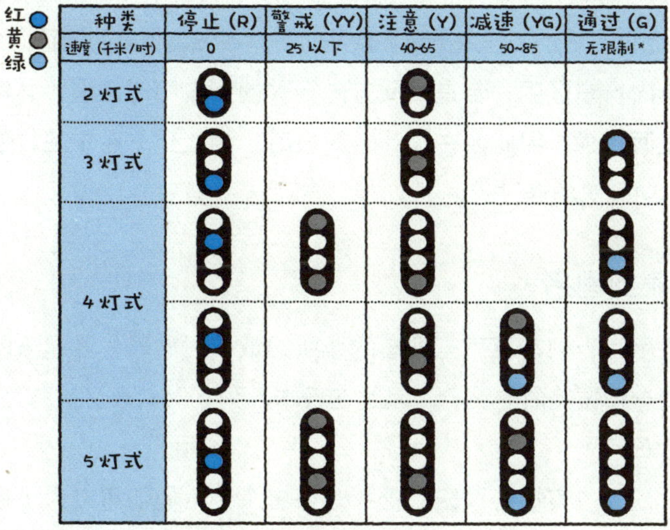

* 不同的铁路公司对速度的限制不同。

过去的信号灯是以灯泡作为光源的。近年来 LED 在铁路信号灯上的应用开始普及。万一信号灯出于某种原因未点亮，也可视为“停止”之意。

中纵轴表示各个车站，横轴表示时间。从该图中我们可以清晰地看出列车的运行时间。无论是向右下方倾斜，还是向右上方倾斜，只要线条所表示的方向相同，就代表列车的行车方向相同。因此，除车站或信号等候区等可停车等待的地点之外，图中的两条线是不可以有交点的。

时刻表上所表示的车站间距及信号间隔，可以决定车速的快慢。画线的方式还可以决定列车间的距离。日本的地铁时刻表上，列车的出发、到站时间以及预计通过时间一般以 15 秒为一间隔，而情况较复杂的路线则是 5 秒为一间隔。

在车站位置出现两条线交叉，意味着先到站的列车将会在该车站等待后方列车的超车。像这样允许列车超车的车站，都会设有多个站台，以便同方向行驶的列车可以在该站同时停车。另外，这些车站往往还会为通过而不停车的列车设置专用线路。

在首都圈的地铁线中，各铁路公司的路线也会出现相交的情况。因此各公司负责时刻表的工作人员都会定期对时刻表做出相应的调整。

在单向行车区间，若是相反方向行驶的列车同时出现，必然会发生列车的正面相撞。因此，在设计时刻表时，会让列车在车站或信号等候区等待对向列车的通过。

时刻表的别名

由表示上行列车及下行列车的线所组成的时刻表，看起来就像在图上画出了一颗颗美丽的钻石。因此在日本，列车时刻表又被称为钻石表，简称“钻石”。

对于很多热衷拍摄铁路的摄影爱好者来说，他们可以为了拍摄自己喜欢的列车飞驰而来的样子而在一个地点等待很久。而为了不错过最佳的拍摄时机，他们在拍摄时往往会携带“钻石”前往。

图 3　列车时刻表示意图

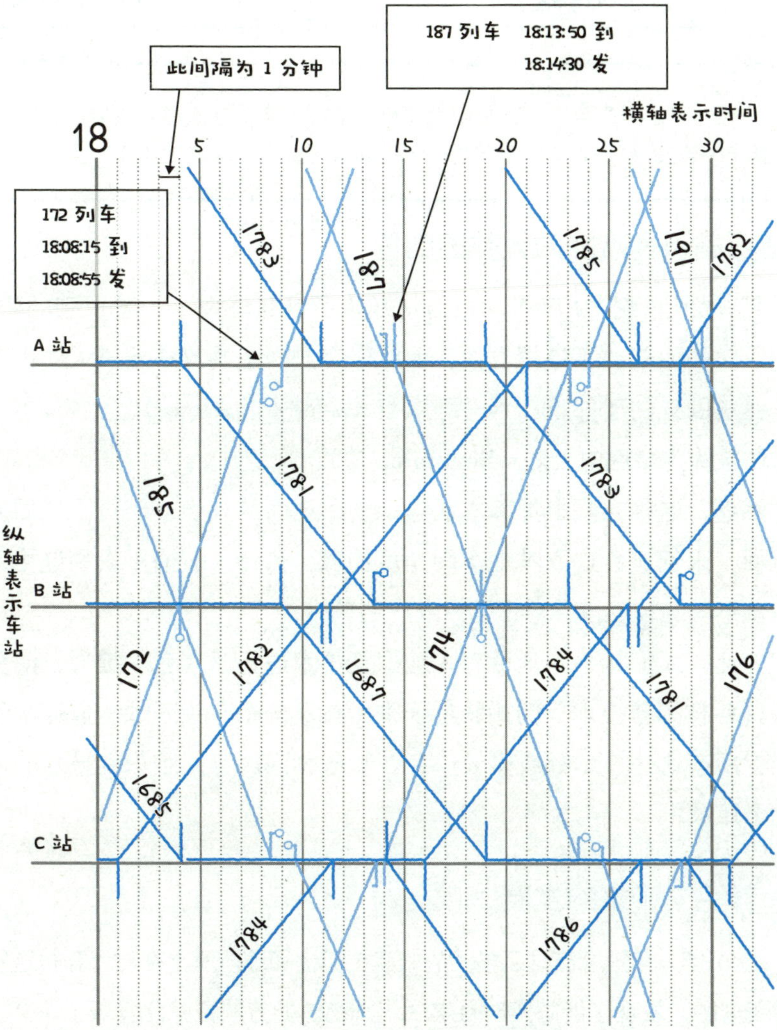

虽然时间轴单格表示的时间有的为 1 分钟，有的为 2 分钟，类型很多，但纵轴表示车站、横轴表示时间，这点是所有时刻表都一致的。

Q–12 人脸识别是通过识别哪个部位来判断是否是本人的呢？

现在，无论是用手机还是用数码相机拍摄人像，基本都会在被拍者面部出现一个矩形框。本节就来分析一下这类人脸识别功能的工作原理。

最初的识别方向为人脸的结构

早在 20 世纪 70 年代，人们就开始了针对画像中人脸识别的研究。由于人类的面部并不是很立体，因此研究方向主要放在分辨人的面部特征：在长圆形的面部找出两只眼睛、一个鼻子以及一张嘴巴的位置。这种方法被称为自底向上法（Bottom-up 法）。

然而，这种方法虽然基本能够识别出正面的人像，但真正拍照时除了正面，人们还会选取其他不同角度拍摄。另外，被拍摄人物是否戴眼镜以及不同的妆容也会对识别效果产生影响。

为此，人们从不同角度对人脸识别技术进行了改良、提升，演变出了各种各样的新技术，例如肤色识别、头发分布、头—颈—肩轮廓识别等。但所有这些技术都或多或少存在着各种问题，人脸识别技术的发展遇到了瓶颈。

一篇论文带来的发展

2001 年，美国麻省理工学院的维奥拉博士和琼斯博士在对计算机进行统计学研究时，发现了能够实时且准确识别物体的方法并就此发表了论文。简单概括该技术的内容，就是将待识别物细分为若干正方形区域，通过对各个区域的检测及各区域间的组合来判断是否有需要识别的对象。这一方法也被称为维奥拉 - 琼斯算法（Viola-Jones 算法）。

图1　数码相机拍照示意图

如今的数码相机可以自动检测到被拍者的面部。

谣言 1

无所不能的 EM 菌

EM 菌英文全称为“Effective Microorganisms”，直译为有益微生物群。其正式名称为两个英文单词的首字母组合，即“EM”，但为了让大家明白它属于微生物的一种，所以常被称为 EM 菌。

它的发现者为比嘉照夫（当时任琉球大学农学院教授）。由于 EM 相关商品由 EM 研究机构及 EM 生活等 EM 关联公司贩卖，所以在人们的印象中，EM 菌逐渐成为由特定公司销售的特定商品的名称。

EM 研究机构称，在 EM 菌中包含乳酸菌、酵母菌、光合菌等多种微生物，但并没有给出每种菌类具体的所占比例。因此，有人对 EM 菌的成分进行了分析，竟发现重要的光合菌并不存在于其中。但研究同时也证实了乳酸菌的存在，肯定了其在这方面的作用。

比嘉照夫当时宣称，EM 菌不但可以分解厨余垃圾、改善水质、减少汽车燃油消耗、强化混凝土，甚至可以治愈疾病。他将 EM 菌称为“神”，他说“任何好的事情都是 EM 菌带来的，而所有不好事情的发生，都是由于 EM 菌的使用方法不得当造成的。因此大家要努力提高自己的 EM 力”。

被 EM 菌所环绕的场所被称为“结界”（宗教用语，用来守护物品的空间）。例如，冲绳岛由于有 EM 结界存在，所以受台风侵害较少。

EM 菌支持者还会向河流、湖泊以及大海中投入块状的 EM 菌。但反对者认为，“这种行为能够净化环境的证据不充分，甚至还有污染环境的可能性”。

第 2 章

白天会遇到的科学

Q–13 飞机为什么能够在天上飞？

当天空晴朗时，我们有时会看到飞机从天上飞过。很多人也曾乘飞机旅行或出差。那么，你知道为什么如此巨大的家伙能够飞上天吗？本节我们就来研究一下。

持续了百年的争论

如今，距莱特兄弟首次制造出飞机已过去 100 多年了。但如此巨大的飞机为何能在天上飞，依然是很多人都感兴趣的一个问题。

飞机之所以能飞，是由于机翼上侧压力小，下侧压力大，两侧的压力差给了飞机一个向上的力，也就是升力。正是这个力将飞机托上了天空。

机翼与相对气流之间的角称为迎角。当飞机起飞时，会在提速的同时向上倾斜机翼，增大迎角。这时，机翼下侧向空气施加了向下的力，同样，空气也同时对机翼施加了一个大小相同、方向相反的力（作用力与反作用力）。也就是说，机翼的下侧受到了空气施加的向上的力（这时的机翼下侧气压变高）。

那么，此时机翼上侧又发生了什么呢？人们将很多传感器安装在模型飞机的机身及机翼上，并将其放入人工制造的气流中。从实验结果可以看出，机翼的上侧气流比下侧流速快，所受压力小，空气对机翼上侧施加的力较弱。然而，这又是如何产生的，目前还没有明确的解释。

广为流传却并不正确的学说

关于飞机的飞行原理有一个很著名却并不正确的学说，那就是伯努利原理。简单概括其内容，就是由于机翼上侧空气流速较机翼下侧快，

图 1　机翼周边的气流及升力

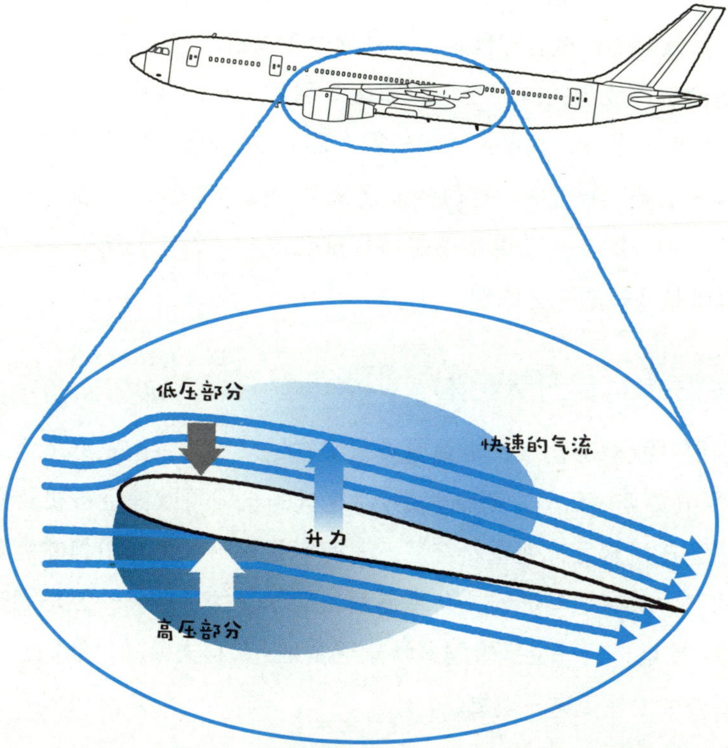

受到向下作用力的空气，会将同样大小的反作用力施加给机翼。

因此上侧所受压力小于下侧。所以机翼整体受到一个向上的力。这一理论看起来像是解释清楚了飞机的飞行原理。

的确，伯努利原理所描述的，是像空气、水这样可以自由变形的流动物质所具有的机械能守恒定律。从这个角度讲，“流速越快，压力越小”这一结论也是成立的。但若将此原理应用到飞机的飞行原理上，就会出现一个重要的漏洞，那就是为何机翼上侧的空气流速快、压力小。

对于伯努利原理中“空气的流速快会令压力变小”，以及“压力变小会令流速加快”这些结论本书是持肯定态度的。但这些结论并不能真正地解释清楚飞机的飞行原理。

尖锐后缘机翼的重要性

若要飞机能够起飞，机翼要具备尖锐的后缘，也就是必须满足“库塔条件”（库塔 - 茹科夫斯基假定）。这样的机翼可以保证被机翼前端分开的气流在机翼后缘处重新交汇。只有满足这一条件，机翼才能够产生所需的升力。库塔与茹科夫斯基是两位科学家的名字，一位是德国科学家马丁 · 库塔，另一位是俄国科学家尼古拉 · 茹科夫斯基。他们分别在各自的研究中发现了这一现象。

图 2　伯努利原理的本质是机械能守恒定律

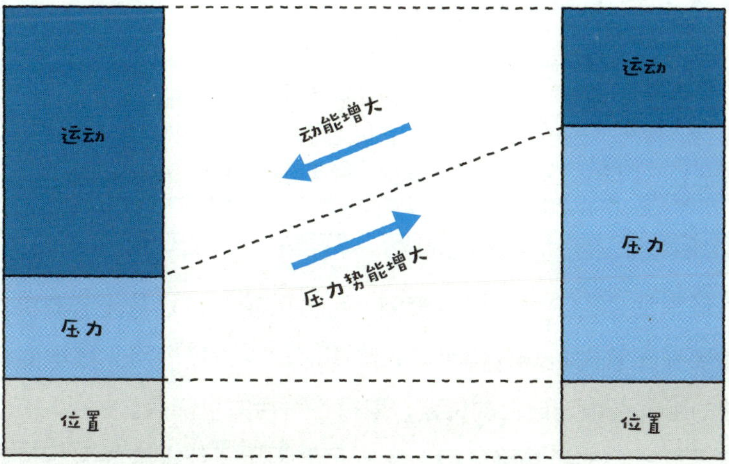

伯努利原理的基本内容是“流体所具有的动能、压力势能与重力势能的和为常数”，但关于“机翼上侧为何气流速度快，压力小”并未做出任何说明。

图 3　满足库塔条件的机翼及其周围的气流

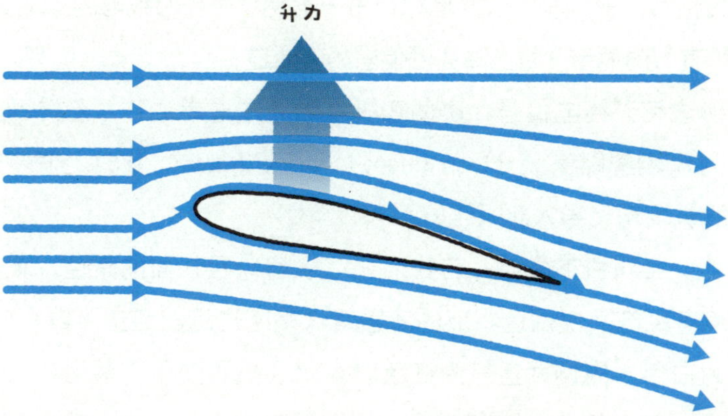

机翼前端将空气一分为二，这两部分又在机翼后缘再次交汇。这样便产生了升力。

Q-14 为何在能见度极低的浓雾中客机也能安全降落？

你是否有过在天气非常恶劣的情况下乘飞机出行的经历呢？当飞机安全降落时，你一定长舒了一口气吧。客机之所以能够在能见度很低的浓雾中平稳地降落在跑道上并安全停下，是因为有着特殊的设计。

能见度低的情况下也能着陆，依靠的是电磁波

机场根据是否设置了塔台管制，可分为管制机场与无管制机场。当飞机需要在无管制机场（停机坪）降落时，飞行员利用无线电向机场所属区域的管制员报告自己的位置，取得许可后方可降落。

在设有塔台的机场降落时，管制员会利用无线电告知飞行员进入跑道的方位及高度，并引导其最终进入停机位。本节我们主要围绕这种情况进行分析。

飞机接近机场，进入起落航线后，会通过无线电接收到塔台发送的着陆所必需的三维信息。信息中包含的内容主要有两类：一类是显示客机与跑道中心线相对位置偏差的航向信标；另一类是信号中心线与跑道成3°倾角，能够在垂直方向显示飞机下降高度偏差的下滑道。

发射这类无线电信号，协助客机准确完成进近动作、着陆动作的装置被称为仪表着陆系统（Instrument Landing System，ILS）。很多定期航班较多的机场均已导入此系统。

另外，当飞机下降时，若我们能够从窗口看外面的景色，就会发现跑道一侧有由红、白两色组成的4盏灯（精密进近航道指示器）。当外侧两盏灯为白色，内侧两盏灯为红色时表示飞机正处于下滑道内，飞行角度很理想。若红灯多，则意味着飞机低于下滑道；反之，若白灯多，则意味着飞机高于下滑道。

图 1　仪表着陆系统（ILS）概述

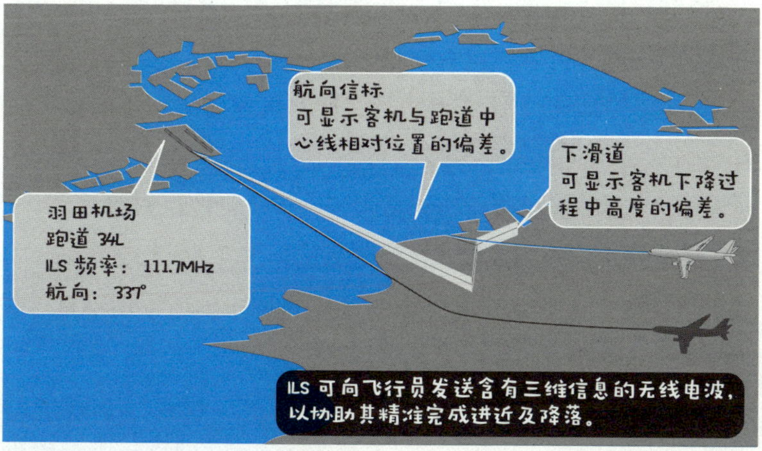

图 2　精密进近航道指示器

由于照片为地面拍摄，所以 4 盏灯同时显示为红色。

IIIb 类跑道可实现自动着陆

ILS 根据精密度不同，按照由低到高的顺序可分为 I、II、IIIa、IIIb［钏路机场、新千岁机场、青森机场、东京国际机场（羽田机场）、成田国际机场、中部国际机场、广岛机场、熊本机场］、IIIc（日本境内没有）这几类。

精密度最低的 I 类跑道规定跑道视程（跑道可视距离）不可小于 550 米，决断高度（决定着陆或复飞的最低高度）需在 60 米以上。

其次是精密度为 II 类的跑道。这类跑道规定跑道视程不可小于 350 米，决断高度不低于 30 米。

现在日本国内精密度最高的跑道为 IIIb 类。这一级别规定跑道视程需在 50 米以上，200 米以下。决断高度为 15 米以下或无限制。在满足 IIIb 类标准的跑道上，飞机可实现自动着陆（Autolanding）。

ILS 在恶劣天气之外的应用

ILS 不仅在视线不好的恶劣天气可以为飞行员提供帮助，在飞机发生故障需要折返，或是因为其他紧急原因必须在飞行员不熟悉的机场降落等情况下，也可以发挥相当重要的作用。

另外，在有多条跑道的机场，并不一定每条跑道都执行着同样的 ILS 标准。很多机场只有特定跑道，或是特定跑道的单一方向才会设置高精密度的 ILS 设备。

例如，在东京的羽田机场，C 跑道由南侧进场（向北着陆）的 34R 跑道所使用的是 IIIb 类设备，但反向的 16L 却并未使用。

图 3　ILSI 类

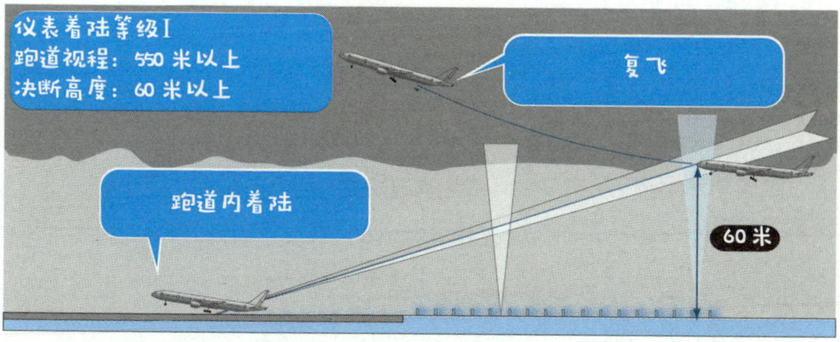

图 4　ILSII 类

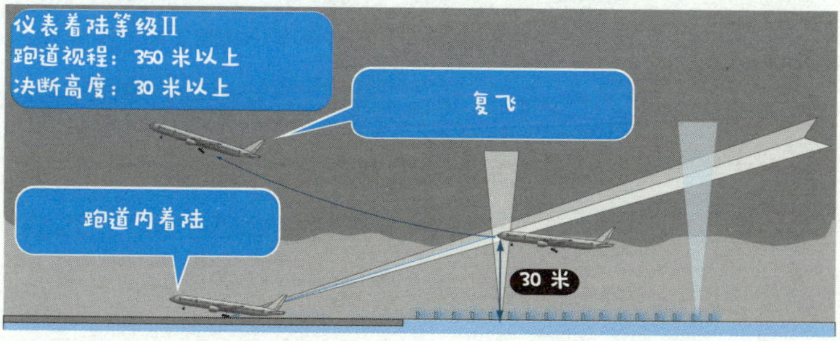

图 5　ILSIIIb 类

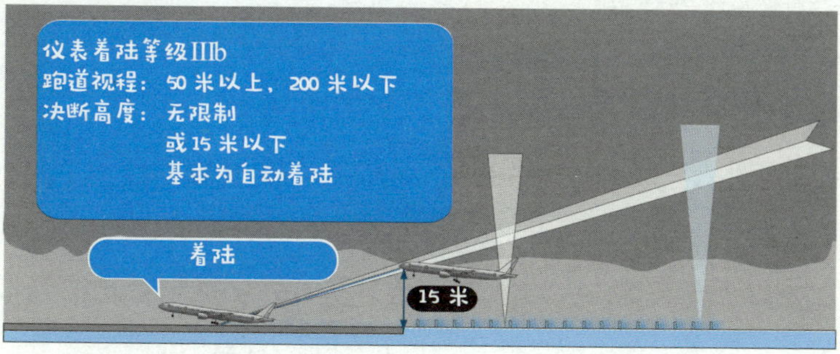

Q–15 电话中的声音不是我们的原音吗？

我们在打电话时，会感觉听筒中所传来的声音很真实，就是对方本来的声音。但事实果真如此吗？本节我们就来揭开电话中声音的秘密。

◎比模拟电话更清晰的数字电话

以前的电话都是通过电话线彼此相连的。通话双方的声音通过话筒（送话器）转变为电信号，通过电话线传递至另一方的电话中。听筒（受话器）将该电信号转换成声波，传入人的耳朵。这就是模拟电话的工作原理（图 1）。

模拟电话虽然在信号转化及传送方面的原理很简单，应用起来也很方便，但当传输距离过远时就会出现杂音多、音质下降的问题。

为了改善这一问题，人们尝试将声波转化为由 0 和 1 所组成的数字信号再进行传输。这一过程先要将声波转换为数字信号，当受话端接收到这些信号后再将其转换成声波。由于这样的方式传输的信号只包含 0 和 1，所以即便传输途中混入杂音也很容易去除，因此这样传递的数据不会包含过多无用的杂音。

◎通过数据库中的声波数据实现声音的还原

在智能手机已成为主流的现在，数字数据的传输方式也主要以码激励线性预测语音编码（Code Excited Linear Prediction，CELP）方式为主（图 2）。CELP 技术首先会对人声进行分析，并生成一个功能类似字典（数据库）的码书。这类码书被称为固定码书，现有的码书中所包含的声音波形数据样本约有 43 亿种之多。

图 1　模拟电话传输方式

喂，你好。
说话者的声音被话筒从声波转换为电信号。
喂，你好。
电信号通过电话线传至受话端。因此，当有杂音干扰时信号就会变弱，甚至丢失。
在受话端，听筒将通过电话线传送过来的电信号重新转换为声波，实现声音的再生。

当我们对着智能手机说话时，手机会对我们的声音进行分析，并将其分解为波形数据及振动数据。再将波形数据与数据库中已有数据进行比对，找出与其相匹配的波形，同时将其转换为相对应的序号。

智能手机能够在瞬间（0.02 秒）为我们的声音找到相匹配的波形数据，同时对其进行优化，并将生成的序号转换为由 0 和 1 所组成的二进制形式。同样，振动数据也会被转换为数字形式，然后进一步转换为二进制代码。

像这样将数据转换为二进制代码的过程称为编码。由于这种编码方式并非将声音数据直接进行数字化，因此能将数据大小控制在每秒钟 8kB 左右。

受话方在解析通过电话线路传输过来的 0、1 信号时，会先找出数据库中与之相符的波形数据，再与声音的振动数据相结合，合成与发信者声音几乎一致的声音。这个过程称为解码。

计算机技术的发展使 CELP 方式得以实现

CELP 方式之所以能够实现，与近年来计算机性能的飞速发展有着密不可分的关系。CELP 方式始于 1983 年，但即便是克雷数学研究所生产的当时被称为“超级计算机”的“克雷一号”，在计算时也需要花费 150 秒。所以这一技术在当时并不可行。

现如今，计算机的性能不但得到大幅提升，而且体积变得非常小巧，价格也十分亲民，这才使得 CELP 方式与我们的生活变得息息相关。

图 2　数字电话传输方式

智能手机将说话者的声音进行分析，生成码书。

声音数据在编码后数据量减小，以 0 和 1 的二进制方式进行数据传输。

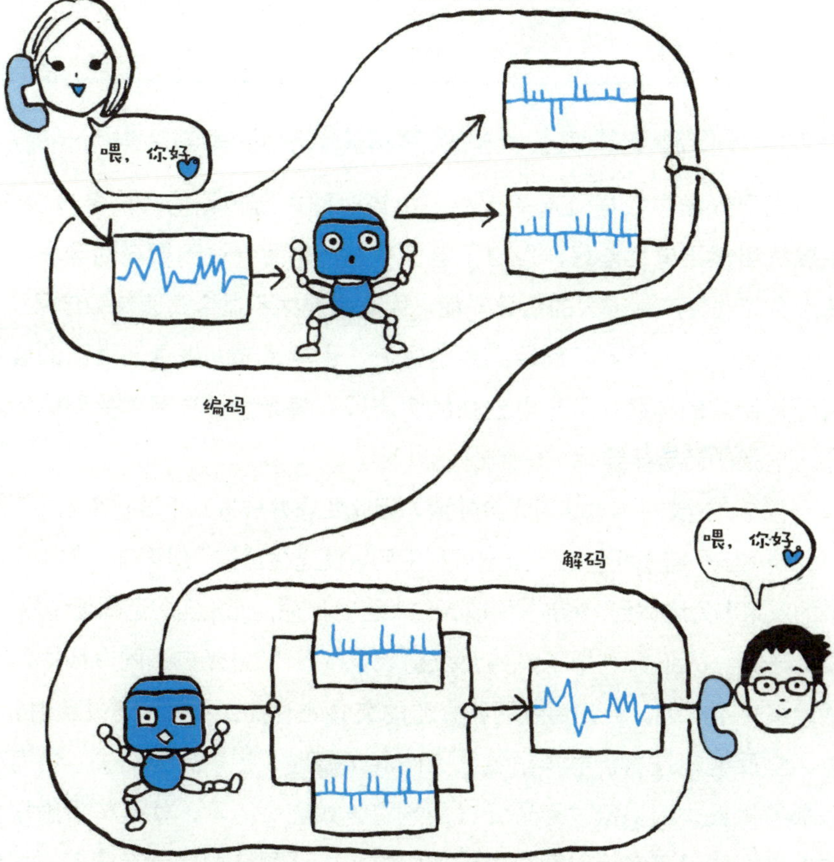

受话端的智能手机对 0、1 二进制编码进行解析，通过与数据库中波形数据的对比找出相符数据，再与振动数据相结合重现声音。

Q–16 网络中常用的光导纤维是怎样传送信号的？

在日本，总长度达 100 万千米以上的光导纤维构成了生活中不可或缺的一张大网——互联网。那么，这个利用光来传输信号的光导纤维，其工作原理究竟是什么呢？

利用不同种类玻璃纤维的组合将光线封在其中并进行传输

光导纤维中数据流量的大小，由短时间内所传输信号的多少决定。金属线虽然导电性能好，但由于电信号在传输时会达到很高的频率，而使用金属线会产生很大的信号损耗，因此金属线不适合高速传输信号。

于是，人们想到了利用高频电磁波，也就是光。用透光性强的玻璃或塑料制成的细线代替导电性强的金属线，将光线传导至需要到达的地方，这就是光导纤维。

但是，透光性强意味着光会外泄，因此要想办法将光线限制在光导纤维中。若用镜子将光纤包裹，虽然可利用反射使光线留在纤维内部，但由于镜子的反射率无法达到 100%，所以光依然会有损耗，无法实现远距离传输。

于是，人们又利用了光的全反射现象（图 1）。光在不同介质中的传播速度是不同的，当光通过两种介质的交界处时就会发生折射或反射。

全反射就是当折射角超过某一临界角度时，折射完全消失，所有光线都发生反射的现象。光导纤维的构造，如图 2 所示，就是将折射率大的玻璃纤维包裹在折射率小的玻璃纤维中。这种结构令光在纤芯中发生全反射，从而阻止了光的外泄，使其能够实现远距离的信号传输。

如何实现光信号的远距离传输？

虽然光导纤维能够将光限制在纤芯中，但若要实现光信号的远距离

图 1　什么是全反射？

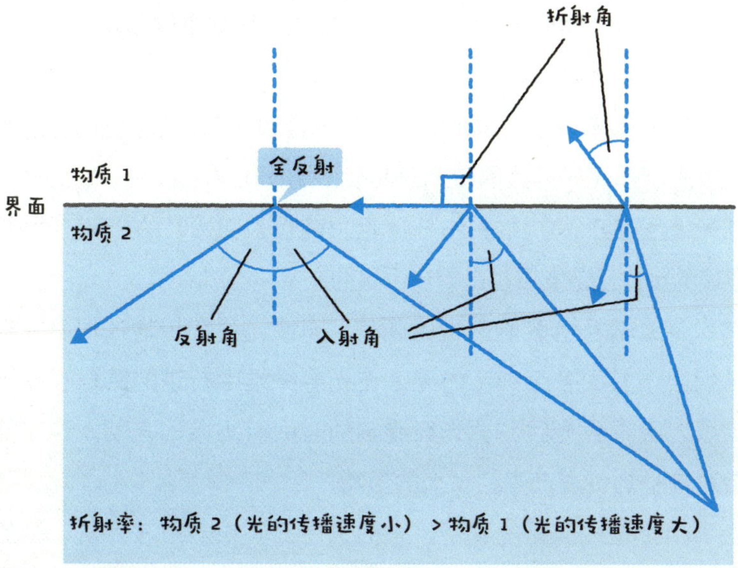

当光透过两种折射率不同的介质交界面时，会同时发生折射与反射。当折射角为 90°时折射消失，不再有光线进入物质 1，而是所有光线被反射回物质 2 中，这便是全反射。

图 2　光导纤维的构造

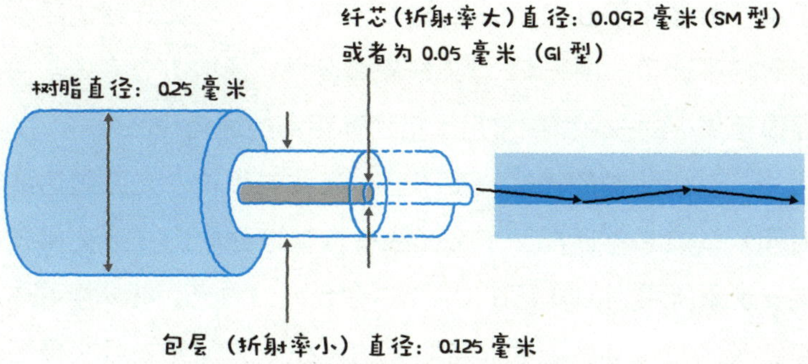

光导纤维是由折射率大的纤芯及外部包裹的折射率小的包层共同组成的玻璃线。它利用光的全反射现象将光限制在纤芯中以实现传导的目的。玻璃线外侧还有一层树脂层可以起到保护作用。

传输，还有一些障碍需要解决。

首先是玻璃的透明度。玻璃中的杂质或玻璃本身的质量问题，会使光线被吸收或发生散射，从而使光线减弱。举个例子，我们的家中都有窗户，当窗户的玻璃厚度达到3厘米时，光线穿透玻璃后的亮度就会减少一半。但是，用来制作光导纤维的玻璃已实现了制作工艺的改良，它的透明度能够保证光信号在纤芯中传播15千米后损耗仅为初始时的一半，可谓惊人。可见玻璃的制作工艺发展也是相当迅猛的。

其次是光信号色散所产生的误差。即便光线在传输过程中并未产生损耗，但由于其中各个细小的光束在光导纤维中行进的路程长短不完全一致，所以会导致光线到达光纤终端的时间有细微的差别。这在高频模式下会对信号的传递产生相当大的影响。

为了防止这一问题的发生，人们也想出了很多解决方法，例如渐变多模光纤（GI型[①]）及标准单模光纤（SM型）的使用。GI型光纤的各部分折射率是不同的，纤芯中心最大，沿径向往外逐渐减小（折射率越小，光线速度越大）。这样，光线在路程较短的中心部位速度就会较慢，在路程较长的外侧速度则较快，便能保证到达终点时所用时间基本相同。SM型则使用了直径小于0.01毫米的极细玻璃纤芯，因此光线的路程差便几乎可以忽略不计了。由于GI型光纤安装简便，所以办公室内常用此种类型。而损耗更小的SM型则常用于搭建远距离的通信线路。

另外，若所传输的光线亮度不够，光波的相位（光波到达波峰、波谷的时间）及波长不匹配，那么光线在传输过程中同样会变得模糊。而解决这一现象所用到的就是在Q-21中会介绍的激光。红外半导体激光器可发出波长、相位都匹配的非常明亮的光线，这种光线可在极细的玻璃纤芯中传输且不会变得模糊。

---

① 西泽润一（日本东北大学原校长）提出的这一技术，令直径较粗的光导纤维也能实现信号的高速传输。由于粗纤维安装简便，短距离的办公室配线常使用此种类型的光导纤维。

图 3　光导纤维的种类及光的传导方式

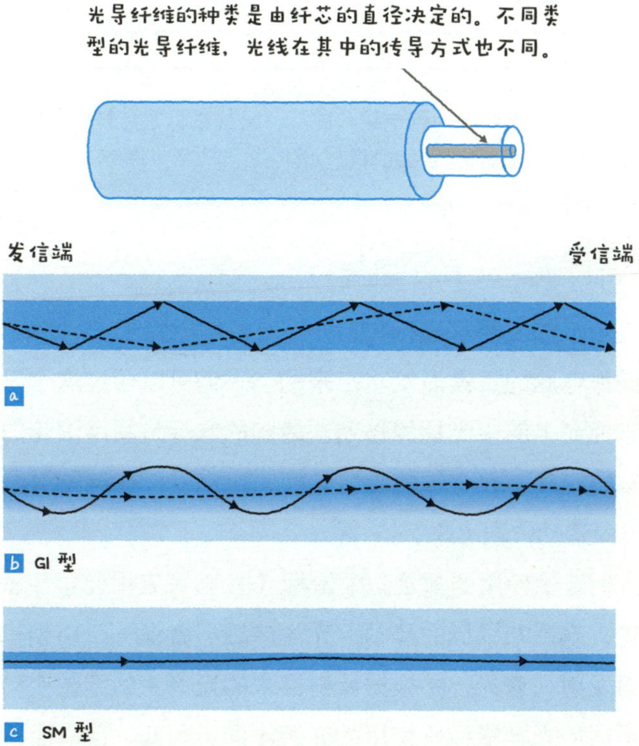

光导纤维的种类是根据纤芯的直径来区分的。在纤芯较粗的 a 图中，光存在多条反射路径，其中实线的光比虚线的光路程更长，到达的时间也更长。这就导致同时从发信端发出的光线，到达受信端时会出现时间上的偏差。b 图中从纤芯的中心沿径向外，折射率逐渐减小，光的速度逐渐增大。这就使中心附近行程最短的光线速度相对变慢，路程较长的外侧光线速度相对加快，并最终同时到达受信端（GI 型）。光在传播过程中并非沿直线传播，而是会经历许许多多的反射。但在纤芯直径为 9.2 微米的极细光导纤维中，光束的路线几乎是一致的，这就是 c 图中的 SM 型。搭建长距离的高速通信网络所使用的就是 SM 型纤维。

Q-17 无线鼠标是怎样在无线的状态下正确执行指令的?

相信很多人每天都会用到电脑和鼠标。无线鼠标是怎样将位置、动作指令传递给电脑，又是怎样控制光标移动的呢？本节我们就来了解一下。

鼠标中的主流——光学鼠标

鼠标是由美国发明家道格拉斯·C. 恩格尔巴特于 19 世纪 60 年代中期，作为操作电脑的工具而发明出来的。人们可以通过这个只有手掌大小的机器来控制电脑中光标的移动。最初的鼠标是利用滚轮的转动来控制横、竖轴的旋转，并将轴的旋转转换为电信号，在电脑屏幕上以相应的横向、纵向运动体现出来。

现在人们普遍使用的都是光学鼠标（图 1）。它用光学传感器代替了传统的滚轮，来感知鼠标的移动。光学传感器就像一个小相机。它会向桌子的表面发射一束光，并根据反射回来的光产生的细微变动计算鼠标的移动。不同的光学鼠标所使用的光源不同。因此，读取面所适用的材料、读取精准度、耗电量（电池耐久度）等也不尽相同（表 1）。

任何平面介质都可使用的鼠标

由于光学鼠标不依靠滚轮的转动驱动光标，所以不受重力的影响，只要给它一个平滑的平面，即便是在墙面、纸或布上也可以正常使用。自然，那个能够提高滚轮鼠标灵敏度的鼠标垫也就不再需要了。而且，光学鼠标不会像滚轮鼠标那样容易有脏东西进入缝隙中，省去了清理（护理）的时间。总之，光学鼠标体型更小巧，灵敏度更高，性价比也更好。

图1 光学鼠标构造示意图

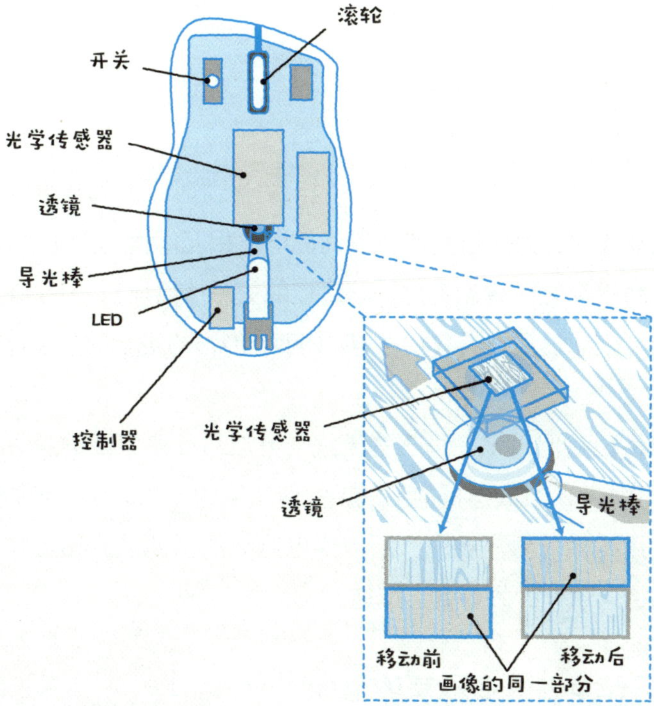

表1 不同光源的利与弊

光源	利	弊
红色LED	这类红光为可见光，安全性高。耗电量低，价格低。	由于波长较长，所以精度较低。在玻璃或光滑平面操作出错较频繁。
蓝色LED	波长较红色LED短，精度有所提高。在光滑平面也可以使用。	耗电量增大，导致更换电池频率或充电频率增加。
红外线LED	精度高，不限制操作环境。	为了保证安全，当传感器距操作面过远时会停止动作。体积、重量较大。

无线鼠标，就是通过蓝牙与电脑连接的鼠标。它不再依靠传统的线路传输数据，而是改用了电波，因此只要是在电波的范围以内，鼠标都可正常使用。

微波炉会影响鼠标的使用吗？

当狭小的范围内有数台工作中的无线机器时，例如在学校计算机教室这样的环境中，为了避免各机器间的电波相互干扰而产生错误的动作，电脑与无线鼠标之间会设定为一一对应的关系（匹配）。或是在最初就将电脑主机与鼠标设置为具有相同 ID（固定 ID）的组合，并以此方式进行无线连接（图 2）。

另外，让我们再来了解一些无线（电波）频率范围的特性。由于采用蓝牙或 2.4GHz 方式连接的无线鼠标所使用的无线频率，与微波炉加热食品时使用的微波频率相同，所以当电脑旁的微波炉开始工作时，无线鼠标出现错误动作的频率就会增加。

追求操作灵敏度还需有线鼠标

由于无线鼠标没有连接线的供电，因此必须使用干电池或充电电池（蓄电池）。干电池与充电电池各有利弊，可以根据个人使用习惯及成本综合做出选择（图 3）。

无线鼠标凭借其便利性已在越来越多的场合得到应用。可是，无线鼠标在电波的转换以及信号的处理上需要耗费一定的时间。因此，当用户对鼠标的灵敏度要求较高时，例如进行股票、外汇等金融商品的操作或参加拍卖时，传统的有线鼠标是更好的选择。

图 2　不同类型无线鼠标的区别

蓝牙式

在笔记本电脑、平板电脑、智能手机等设备中，一般都自带蓝牙接收器。虽然鼠标需与终端匹配才可正常使用，但它具有通用性。

供图：巴法络

2.4GHz 无线式

带有事先匹配好的蓝牙接收器（小型 USB 式），只需将其插入电脑的 USB 接口即可使用。

供图：巴法络

27 兆赫

使用方式与 2.4GHz 无线式相同，但电波范围小（半径 1 米左右），无法远距离操作。优点是价格低且耗电少。

图 3　无线鼠标供电方式的差异

干电池型

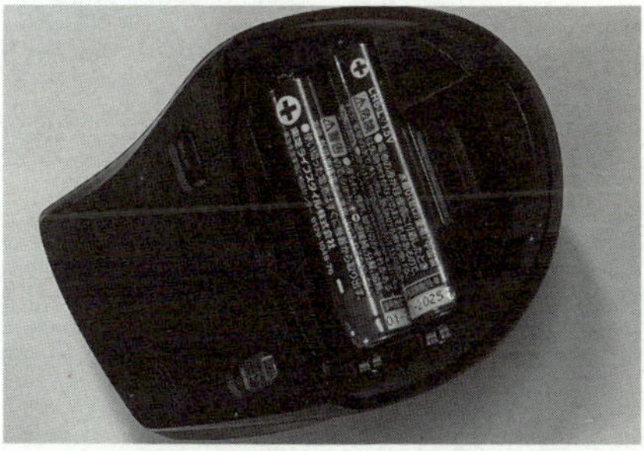

使用 1 ~ 2 节 5 号或 7 号干电池。电池电容量大，没电后也只需更换电池便可继续使用，并且干电池购买很方便。但鼠标本身略重，体积大。

内置充电电池型

通过 USB 数据线与适配器相连并充电，充电结束后即可使用。有些鼠标只需放置在专门的充电底座上即可充电。这类鼠标体积小、重量轻，但需频繁充电。

供图：罗技

Q—18 为何便利贴能够轻松揭下呢？

留言时常用到的便利贴，由于可随意粘贴，还可轻松揭下而颇有人气。尤其在办公室，便利贴是非常重要的工具。本节我们就来研究一下它的原理。

制作失败的黏着剂

便利贴是由美国化学品牌“3M”开发的一款带有黏着剂的便笺纸。

这款商品其实来源于一次失败的发明。研发者原本要研发一种黏性很强的黏着剂，结果却意外得到了一种黏性很弱的黏着剂。由于这种材料黏性过低，无法作为普通的黏着剂使用，所以当时并未得到应用。

然而 5 年后，同公司的另一名研究员对这种黏性很低的材料产生了兴趣。“既然粘上后这么容易揭下，如果利用它来制作一款可以自由撕贴的便笺纸会怎么样呢？”正是这种逆向思维，使黏性低这一缺点成为卖点。

虽然便利贴的特点是可自由撕贴，但若是过于容易掉落，则和那些一旦粘上便无法揭下的便签一样，实际作用并不大。所以这一产品必须能粘得牢固，还要撕得利落。于是“要有适度的黏着性以保证粘贴牢固”，同时“不用时可以轻松利落地撕掉”成为产品最主要的两个研究方向。

黏着剂的形状是易撕的关键

黏着剂的强度并非便利贴的主要特征。便利贴使用的是普通的丙烯酸系胶黏剂，研究员通过在丙烯酸系胶黏剂中添加各种物质来调整黏性大小。

图 1　便利贴黏着面示意图

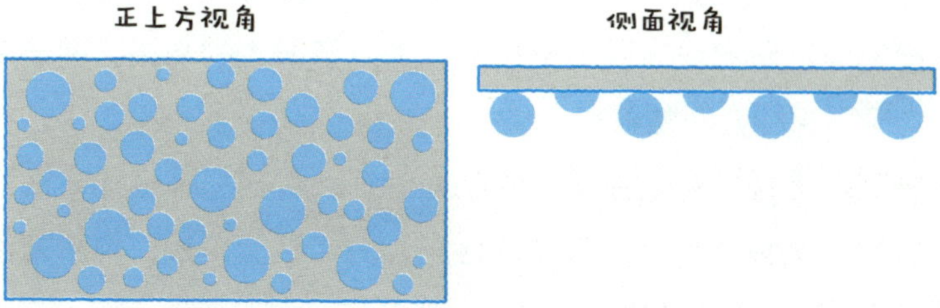

黏着面上所使用的是各种大小不同的球形、半球形黏着剂。

图 2　粘贴便利贴

被粘贴物体与便利贴上黏着剂的接触为点状。

图 3　向便利贴施加压力

向便利贴施加压力时，球形或半球形的黏着剂被挤压变形，与被粘贴物体之间接触面积增大，黏性增强。但黏着剂与被粘贴物体之间的黏性依然小于黏着剂与便利贴之间的黏性，所以不会出现便利贴被撕掉而留下黏着剂的情况。

形状，是这类黏着剂最大的特征。普通的贴纸所使用的黏着剂并没有特定的形状，这类黏着剂可以牢牢地附着在黏着面上。为了使便利贴能够轻松揭下，研究员在黏着剂的形状上下了很大的功夫，并研制出了球形与半球形相结合的黏着剂。

当便利贴被轻轻粘贴在某一物品上时，黏着剂的球形或半球形结构使得黏着剂与被粘贴物之间呈点状接触，而非平面接触。由于两者之间接触面积小，因此黏着力并不强。

当我们继续用力按压便利贴时，黏着剂的球形及半球形结构由于受到压力而发生变形，与被粘贴物之间的接触面积增大，黏着力同时变强。

当便利贴从一端被揭下时，接触面这一端的黏着剂会逐渐恢复至球形，接触面最终趋于零。为了使黏着剂牢牢地附着在便利贴一侧，却能轻松地与被粘贴物体分离，这其中所应用到的技术手段是相当多的。

◎ 种类繁多的便利贴

便利贴因其便利的特点而颇具人气。从最基础的便签条，到超粘型、抽取式、卷式，以及利用再生纸生产的便利贴，市面上的种类可谓相当丰富。另外，便利贴在产品外观设计上也花样繁多，有卡通形态的，有以夏威夷为创作灵感的，还有心形的，等等。即便只将它们当作一件装饰品摆在身边，也不失为一件乐事。

图 4　揭下便利贴时

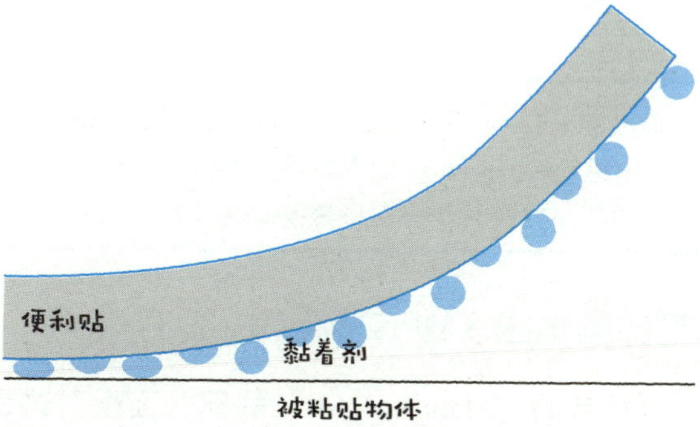

将便利贴的一端揭开时，黏着剂的形状从扁平重新恢复至球形，与被粘贴物体之间的接触面也减小为“一点”，黏着力随之降低。

图 5　超粘型

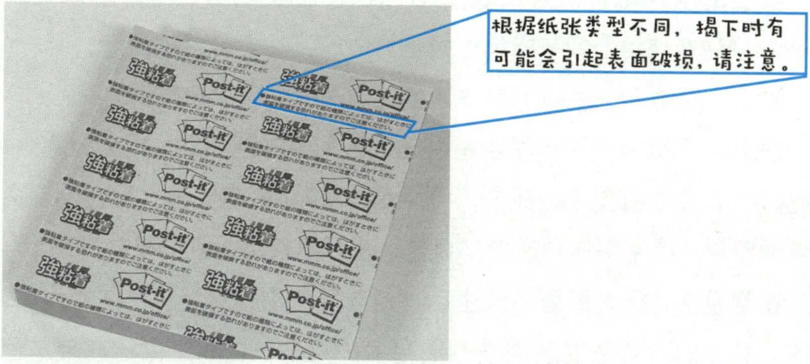

超粘型便利贴上常印有“根据纸张类型不同，揭下时有可能会引起表面破损”这样的提醒。

Q–19 可擦圆珠笔的原理是什么？

百乐公司推出的 Frixion 系列产品，从最初的可擦圆珠笔开始，逐渐开发出荧光笔、彩色铅笔等。Frixion 的本意是“摩擦”，本节我们就来看一看，可擦圆珠笔写出的字迹究竟为何可以被擦除。

◎ 可擦圆珠笔的颜料由 3 种成分组成

1975 年，一款名为“Metamocolor”的墨水面世，这是世界上首款会根据温度变色的墨水。自此，Metamocolor 被应用到各种需要以颜色来表示温度的场合。例如，用来制作通过颜色的变化显示啤酒、红酒是否达到最佳饮用温度的标签。随后，研究者将研究的中心转移至能根据温度的变化而变透明的颜料，并在 2005 年研制成功，这就是 Frixion 系列。

以往的圆珠笔，一旦出现书写错误，想要改正是非常麻烦的。但 Frixion 系列在使用上就和铅笔一样，可以毫不费力地轻松擦除。

那么，原本无法擦除的圆珠笔字迹又是怎样实现被擦除的呢？

Frixion 系列所使用的墨水是由无数被称为微型胶囊的极小胶囊组成。这些微型胶囊中包含 3 种成分，分别是生色材料（色源）、显色剂、变色温度调整剂（控制在何种温度下显色，何种温度下褪色的材料）。

在常温下，微型胶囊内的生色材料与显色剂结合，颜色便显现出来。当遇到高温时，变色温度调整剂便会发挥功效，切断生色材料与显色剂之间的联系。显色作用不再发生，颜色自然也就消失不见了。百乐的 Frixion 系列将这一使颜色消失的反应定在了 65℃，有些品牌把这一反应设在了更低的 60℃。

当我们擦除铅笔的字迹时，是用橡皮将附着在纸上的黑色炭印剥离。但 Frixion 墨水的原理并不是将墨水剥离，而是利用了温度上升至 65℃以

图 1　可擦墨水的原理

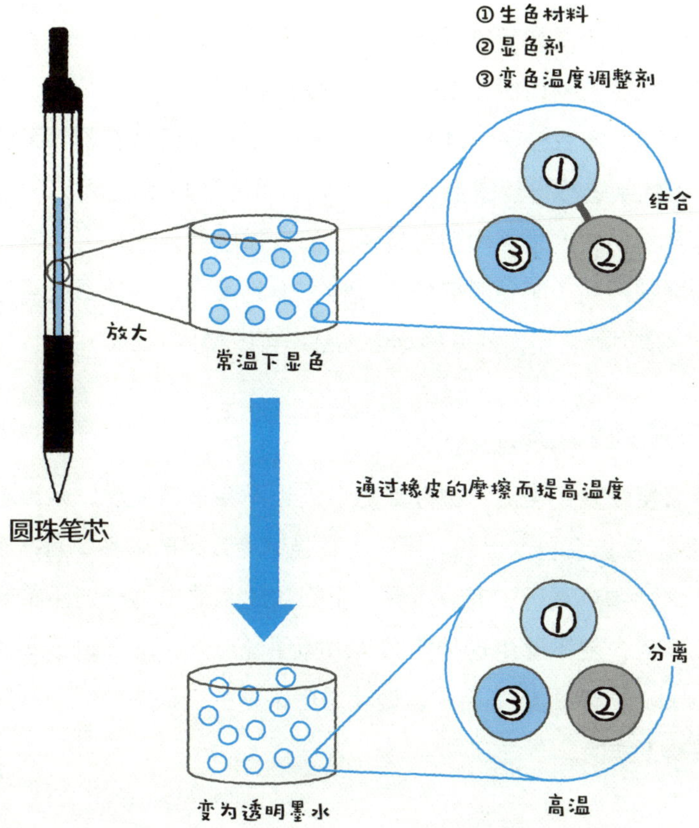
①生色材料
②显色剂
③变色温度调整剂
①
结合
③
②
放大
常温下显色
圆珠笔芯
通过橡皮的摩擦而提高温度
①
分离
③
②
变为透明墨水
高温

上会褪色的性质。

遇热消失的墨水

墨水的温度又是如何被提高的呢？在圆珠笔的尾部有一个专用的橡皮头，墨水的变色利用的正是橡皮与纸面摩擦产生的摩擦热。若用可擦墨水在纸上写好字后放在超过60℃的场所，例如夏天停在烈日下的汽车内，那纸上的字迹很可能就会消失。另外，若将这种纸塑封（加热塑封）字迹同样会消失。这是因为塑封是通过加热加压的方式，将印刷材料封进用聚乙烯制成的透明塑封膜中的过程。由此可见，在证书或需签名的文件等文字消失就会引发问题的场合，是不可以使用 Frixion 系列产品的。

降温后字迹会重现

即便温度恢复到常温，被擦除的字迹也不会重新显现。但当温度降到 -20℃时，字迹会再次出现。因此，有强制冷效果的喷雾或是冰箱冷冻室都是让这种字迹重现的有效工具。正因如此，想书写一些不希望他人看到的文字时，就不要用这种笔写了。顺便说一句，本书日语版的责任编辑是 Frixion 产品的忠实用户，他就是用该系列产品中的红色笔完成这本书的编辑工作的。

图2　可擦笔墨水消失与重现的温度差

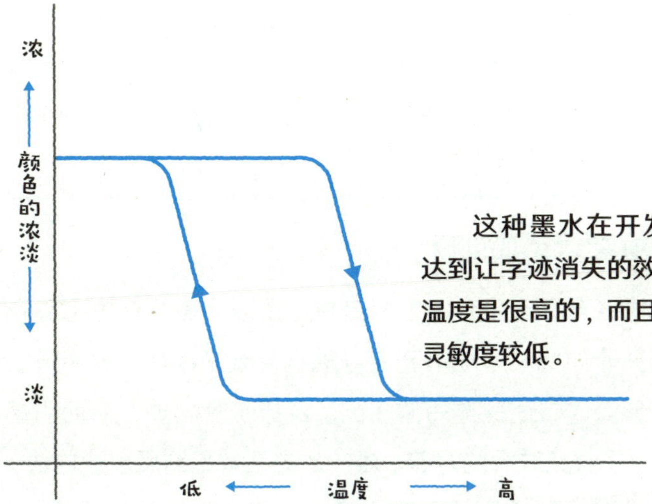

这种墨水在开发初期，达到让字迹消失的效果所需温度是很高的，而且反应的灵敏度较低。

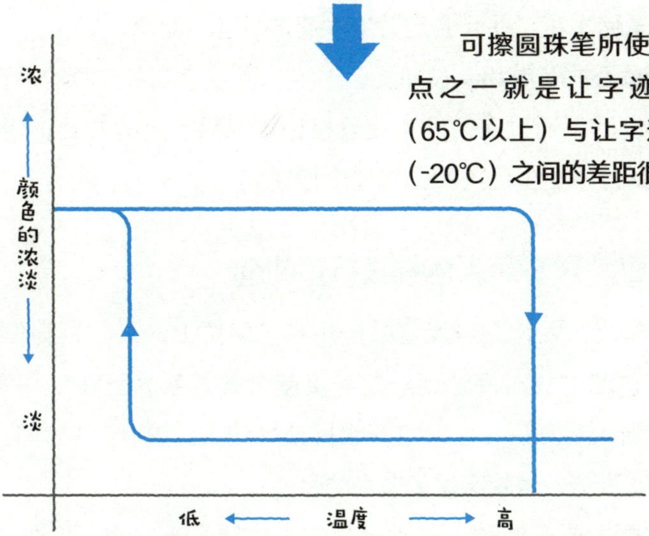

可擦圆珠笔所使用的墨水，特点之一就是让字迹消失的温度（65℃以上）与让字迹重现的温度（-20℃）之间的差距很大。

参考：百乐公司主页

Q—20 为什么有些厕所会自动冲水呢？

有些厕所的厕位在有人通过时并不会自动冲水，但若有人使用或仅在厕位前站立一定时间，在离开后便会有水自动流出。这是什么原理呢？

没想到，厕所管理竟如此麻烦

由于小便池中通常只有液体（尿）流过，所以大家会认为它并不容易堵塞，可事实并非如此。造成堵塞的罪魁祸首就是尿垢。尿中所含的钙质会附着在S形管（防止反臭的储水区）及排水管内壁，从而引起管道堵塞或恶臭。为了避免尿垢的附着，唯一的办法就是利用水流冲洗。

有些学校等公共场所刚刚设置冲水卫生间时，为了防止尿垢产生，往往会在高处设置储水箱，并且会定时冲水清洁所有小便池。

无论小便池是否被使用都会被冲洗，这种设置会造成水资源的浪费。于是研究人员又发明了通过在便池上设置按钮来控制水流的方式。但很多人嫌麻烦，或认为不卫生而不愿去按这个按钮。

通过人体感应装置感知人体并进行预冲洗

19世纪70年代，人体感应装置被应用在了厕位上。人站在厕位前会触发感应装置，若站立时间达到一定长度就会被判断为正在使用中。当感应装置检测到人离开后，便会打开水阀使水流出。这样，只有使用过的便池才会自动清洗，也就实现了节水的目的。

人体感应装置主要有两种：一种是探知人体所发出热量（红外线）的热型传感器，另一种是可以测量距离的距离传感器。

有些厕位只要有人靠近就会有水流出，这一功能被称为预清洗。它

图 1　定时整体冲洗便池

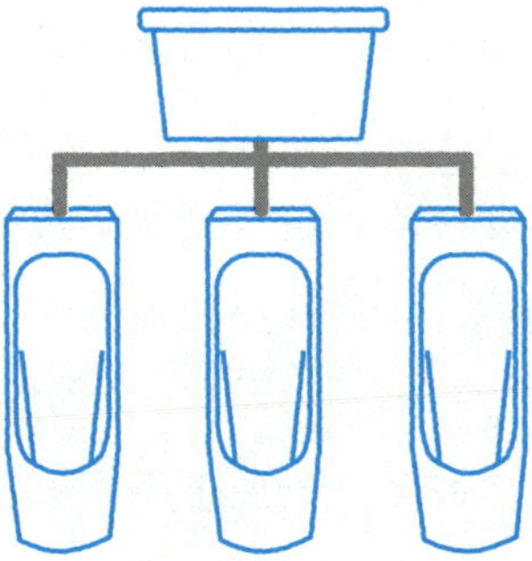

为防止尿垢的产生，每隔一定的时间对便池全体进行冲洗。即使便池未被使用也会进行冲洗，这是对水资源的一种浪费。

图 2　按钮式及感应式清洗装置

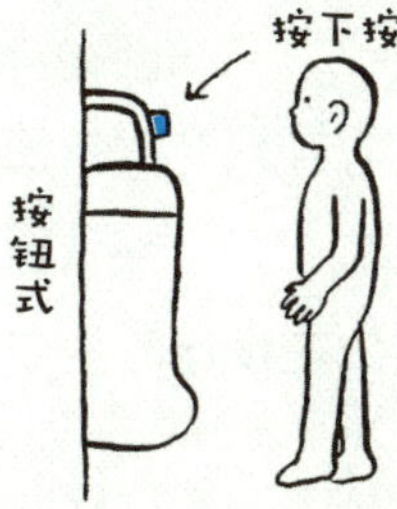

厕位未被使用时，不会有水流出，节约了水资源。但有些人会因为嫌麻烦而不按按钮，还有些人认为大家都是在上完厕所后直接按按钮，会因为感觉按钮“不卫生”而不愿按。这就使得厕位得不到清洗。

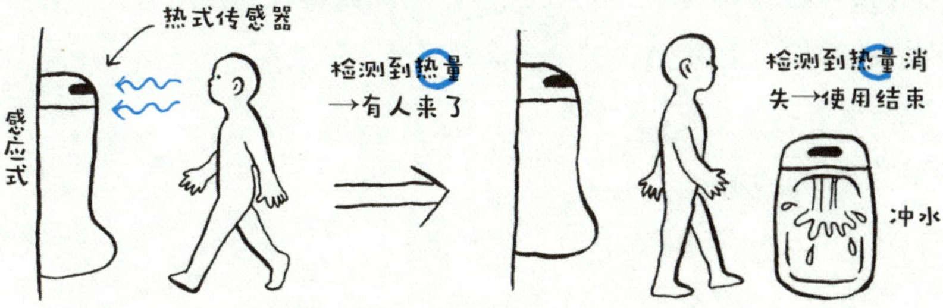

人体感应装置保证了厕位在使用后可以得到清洗。

利用使用前流出的少量水流，有效防止了尿液飞沫在便池壁上的附着。

有些厕位带有自动停止冲水功能。这类厕位若在冲水过程中感应到下一个使用者，便会自动停止冲水，也同样减少了水资源的浪费。

还有些厕位利用管道中水流的水势来发电并对自身进行充电，省去了外接电源的麻烦。

还有些时候，无人使用的厕位会自动冲水。这是为了防止储水区缺水，以及尿垢附着在管道壁所设置的功能。它会在厕位最后一次被使用的数小时后进行自动清洗。

有些厕位还带有温度检测功能，并会在冬天当温度降到一定程度时定时冲水，以防止上冻。

◎ 微波的应用进一步提高了节水的效果

以前，日本是不允许将电波应用在传感器中的。但随着 2001 年电波法的修正，微波传感器开始应用在厕位上。

由此，感应器对距离及动作等的检测精度得到了大幅提升。当使用红外线传感器时，设计者需在厕位上为传感器留一个感应窗口。随着微波感应器的使用，由于微波具有可穿透陶瓷的特性，厕位在设计时的自由度也随之提高了。

同时，微波也能够对水做出反应，监测到实际的使用时长，并根据排泄量来控制冲洗的水量，进一步提高了节水的效果。

图 3　利用冲洗的水流进行发电

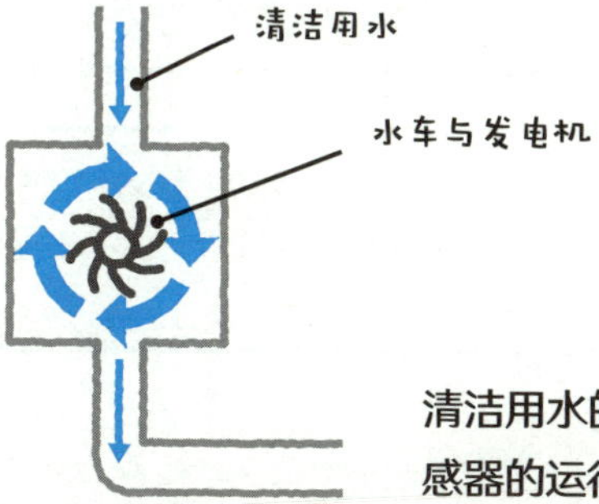

清洁用水的水势使水车转动，为传感器的运行提供电量。

图 4　未被使用的管道中也可能有污垢附着

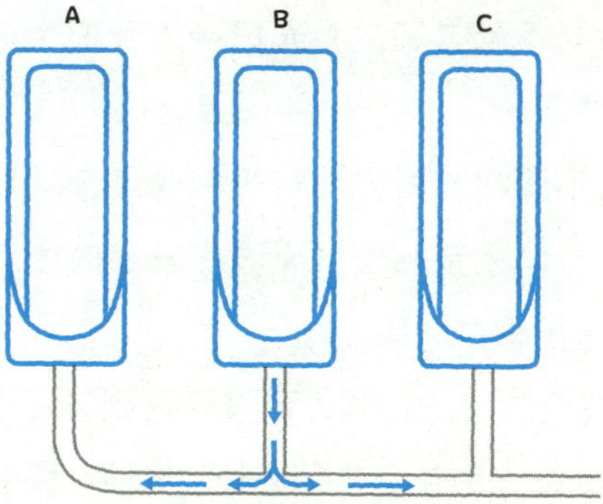

冲洗小便池 B 的水流，同样会流向未被使用的小便池 A，因此小便池 A 的管道也存在被污染的可能性。为了洗刷这些污垢，会在小便池 A 最后被使用的一段时间后自动进行冲洗。

图 5　利用微波可以根据排泄量控制冲水的水量

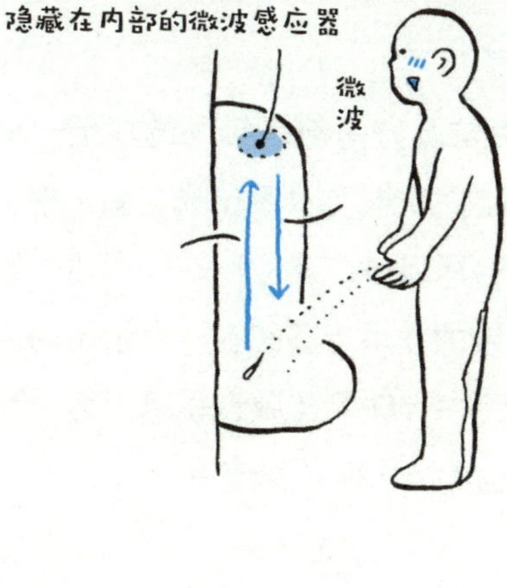

虽然红外线传感器能够感知人的存在，却无法判断是否使用完毕、是否收拾妥当。由于微波能够对水做出反应，因此能够感应到准确的使用时长，并以此为依据调节冲水的水量。

Q—21 激光笔发出的“激光”究竟是什么光？

在讲解 PPT 时，激光笔是很常用的工具。由于我从小就对动漫中的“激光波”极其向往，所以对“激光”一词也有着莫名的喜爱。那么，激光到底是一种什么样的光呢？

生活中的激光

现在，我们的生活中出现了越来越多的激光。商店收银台使用的扫码器所发出的红光、演唱会上舞台发出的明亮光线、DVD 机和高亮度激光投影仪的光源、医疗领域使用的激光手术刀等，激光已融入我们生活的方方面面。

那么，激光与阳光、灯光有什么不同呢？阳光与灯光包含红色、蓝色等多种光波。这些光波无论波长、方向还是相位（光波在前进时所呈现的波形变化）都是不同的，且照射范围很广（图 1）。

当这些光波重叠时，波峰遇到波峰会使光波加强，而波峰遇到波谷则会使光波减弱（这被称为波的干涉）。太阳光中包含各种波长的光波，即便用聚光镜将其聚集起来，也无法使它们完美重合，组合成高密度的光波。

波长、相位、方向完全一致的光束

与阳光、灯光不同，激光的波长、相位及方向都是相同的，是一束完全统一的明亮光束（图 1）。这样完全一致的光被称为相干光。由于相干光的传播路径笔直向前，不会向周围扩散，所以被广泛应用在读码器、激光笔等产品中。另外，这类光能够在聚光镜的作用下聚焦在一个细微的点上，因此人们利用激光的这一特性研发出了 DVD 机及激光手术刀等。除此之外，由于激光能量密度高且亮度高，也常被作为光源使用。

图 1　普通光与激光的区别

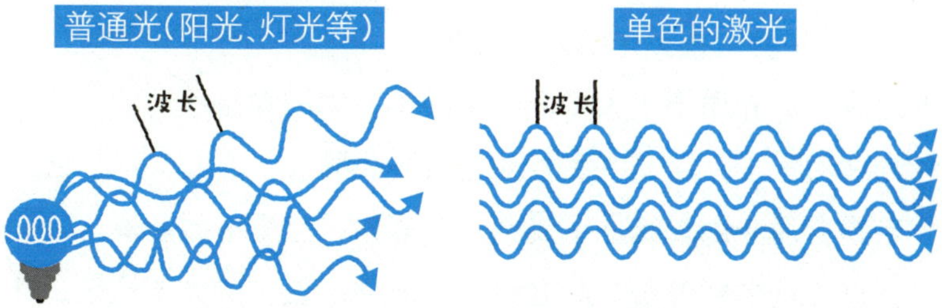

普通光由某一光源的各个部位发射，波长、相位、方向均不同，是各种光波的集合（非相干光）。

单色的激光的波长、相位、方向完全一致，不易向周围扩散，是能量密度高、亮度高的光束（相干光），在聚光镜的作用下可聚焦于一点。

图 2　受激辐射的过程

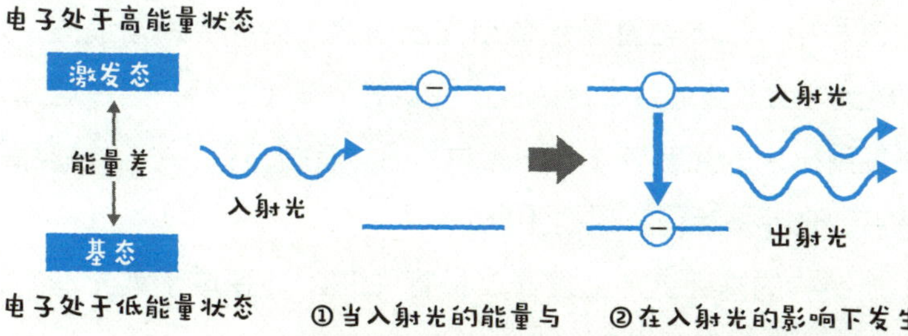

①当入射光的能量与能量差相等时，处于激发态的光子将会产生与入射光相位相同的振动。

②在入射光的影响下发生振动的光子，形成与入射光完全一致的光线，在射出的同时释放能量。新形成的光线与原入射光相结合，成为亮度加倍的相干光。

若介质中的发光原子受到外来辐射，且辐射的能量恰好等于激发态与基态之间的能量差，则会引起介质中激发态的光子振荡，并最终形成与入射光完全相同的相干光。在受激辐射的作用下，两束光线相结合使亮度增加。激光属于相干光，它的生成正是利用了受激辐射这一现象。

激光是怎样产生的?

在 Q-42 中我们将会介绍荧光及蓄光，它们的电子在由激发态向基态变化的过程中，介质中绝大多数电子的出发时间都是不同的，因此即便是单色光（相同波长），它们的相位也各不相同。

但若是介质中的发光原子受到外来辐射，且辐射的能量恰好等于激发态与基态之间的能量差，则会引起介质中激发态的光子振荡，并最终形成与入射光相位相同的光。这一过程被称为受激辐射。由于在受激辐射过程中产生的光与入射光是完全一致的相干光，因此能够结合为一个整体，使光线变得更强（图 2）。

激光利用的正是这一原理。若将受激辐射所产生的光置于两块距离与其波长相等的反射镜中，那么在不断的反射过程中，只有相位相同的光波被保存下来，光的亮度自然也就随之加强了。

在反射过程中，以非垂直角度照射在反射镜上的光会逐渐消失，只有垂直镜面的光才会最终通过半透明反射镜发射出来（图 3）。经过这几个过程，最终发射出来的光具有波长、相位、方向完全一致，能量密度高、亮度高的特点，也就是我们所说的激光。

若在上述结构的基础上加上发光二极管（LED），便成了激光笔的组成部分之一——小型半导体激光（图 4）。

图 3　反射镜作用下的受激辐射光增幅示意图

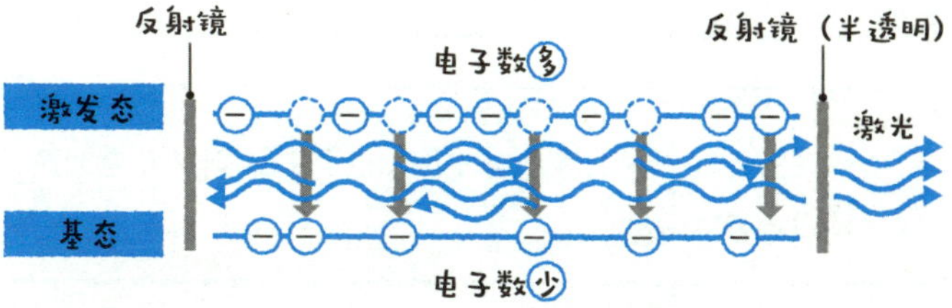

为了使受激辐射所产生的光被反射后仍具有同样的相位，需在特定距离处设置反射镜与半透明反射镜。这些反射光会引起更多激发态的光子发生同样相位的振动，受激辐射所产生的光便随之变得越来越多。于是，相干光便出现了几何级的增长。经过这一过程并最终从半透明反射镜中射出的光线便是激光。由于以非垂直角度进行反射的光线在不断的反射中逐渐消失，因此只有垂直于反射面的相干光才能射出。为了使受激辐射更容易发生，需要使工作物质处于含有大量激发态光子的反转分布状态。

图 4　半导体激光示意图

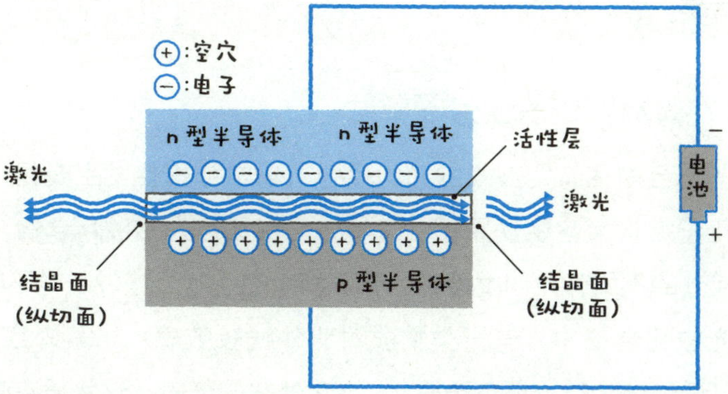

半导体激光是利用电池产生的电压，使 n 型半导体与 p 型半导体之间的活性层中聚有大量电子（ - ）及空穴（+），形成反转分布状态以实现受激辐射的发生。反射结构是利用结晶面制成的。只要向其提供持续的电流，激光便会持续产生。但由于活性层较小，因此激光的光束在出口处会有一定的拓宽。而透镜则使激光笔能够发射出平行光束。只要调整电子与空穴之间的能量差，就可以产生红外线、紫外线等任意单色激光。

Q-22 为什么有些眼镜片遇到阳光会变色？

有些眼镜片被紫外线照射后颜色会变深，回到室内则又会变回透明。那么，这种变色镜为何会变色呢？

遇光变色的调光镜片

有些镜片遇到光线会发生颜色的变化，这类镜片被称为调光镜片。有些物质在吸收光线后，会发生化学反应，从而产生颜色变化，这一现象叫作光敏反应，因此这类镜片也被称作光敏镜片。

调光镜片在被紫外线照射后颜色会加深，变得像墨镜一样。回到没有紫外线的室内后颜色又会变淡，看起来只是一副普通的眼镜。这种室外可做墨镜、室内可做普通眼镜的设计，避免了换眼镜的麻烦，用起来确实很方便。

强紫外线照射会改变分子形状

有些化合物在特定波长的光的照射下化学结构会发生变化，但停止照射后化学结构又会恢复原样，这类化合物被称为光敏化合物。根据所含化学成分的不同，不同类型光敏化合物所吸收的光线波长也不同。

在光敏化合物中，有一类物质对紫外线较敏感。当紫外线较弱时，可见光可透过该物质（无色透明）；当紫外线较强时，该物质在吸收可见光的同时化学结构也会发生改变。当可见光被全部吸收时该物质会变为纯黑色，只有部分光线被吸收时则不会变为纯黑色，而是变为接近墨镜镜片的颜色。

若将这类光敏化合物制成镜片涂层，便可制作出根据紫外线的强度

图1　调光镜片的原理

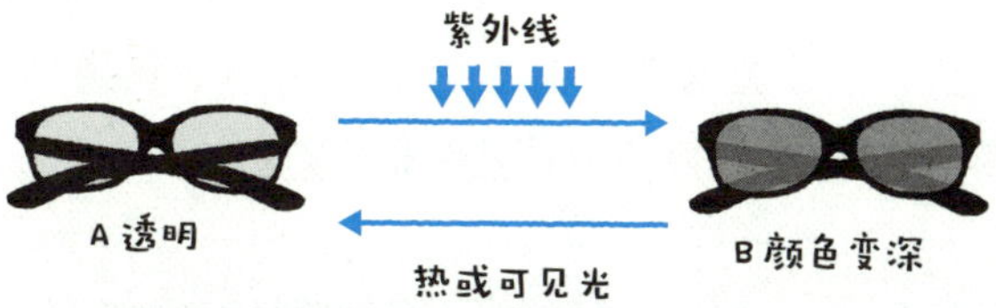

在室外时，虽然镜片会在受热或接触到可见光的情况下变为透明状态，但只要接触到紫外线则会立即变为深色。

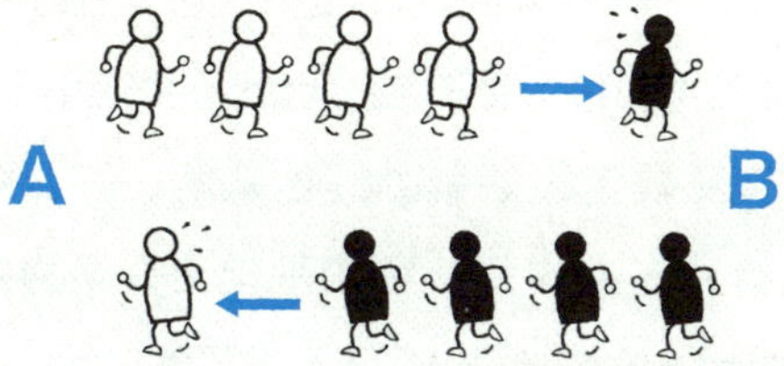

A、B 间的转换随时都在发生，而颜色的浓淡则由“哪方较多”来决定。当紫外线强度相同时，颜色在寒冷的冬季要浓于炎热的夏季。

图2　调光镜片的纵剖图

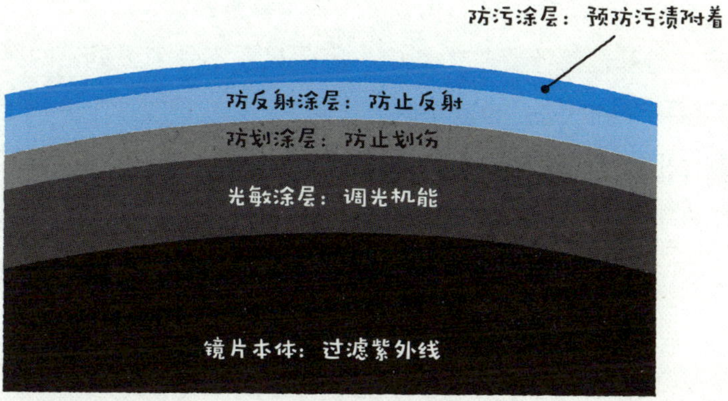

通过为镜片增加各种涂层以实现各种功能。

而发生颜色变化的调光镜片。当紫外线照射镜片时，涂层的透明分子由A变为B，同时吸收掉部分可见光，防止阳光刺激眼睛。当回到室内后，由于紫外线减少，化合物又恢复至A的透明分子。这类化合物的显色只需数十秒，褪色也只需数分钟，可以说反应是相当快了。

◎无法过滤紫外线（UV）的太阳镜具有危险性

太阳镜可以在烈日当空时保护我们的眼睛。当阳光强烈时，人的瞳孔会自然缩小，以限制进入眼睛内部的光线量（含紫外线）。当我们戴上太阳镜后，阳光就会变得不再刺眼，瞳孔自然也就不会变小了。

因此，若太阳镜不具备过滤紫外线的功能，那么强紫外线便会刺痛我们的眼睛。调光镜片在过滤紫外线的基础上，又为镜片增加了感光物质涂层。这样对紫外线的过滤效果便可不再受镜片颜色的影响。

◎梦想中的记录材料

光敏化合物不再受到紫外线照射时，能够通过吸收可见光或热量来恢复自身的化学结构。1988年，九州大学的入江正浩教授等人研发出了在常温下具有良好热稳定性的光敏化合物二芳基乙烯。

由于二芳基乙烯不受热的影响，因此只要不受到可见光的照射，便可长时间保持深色状态。也就是说，理论上可以实现在单个分子上记录信息，并制作出超高密度的光盘。只要这一想法得以实现，那么就可以制作出容量相当于现在100万张光盘的“梦想中的光盘”。

图3　太阳镜必须具备过滤紫外线的功能

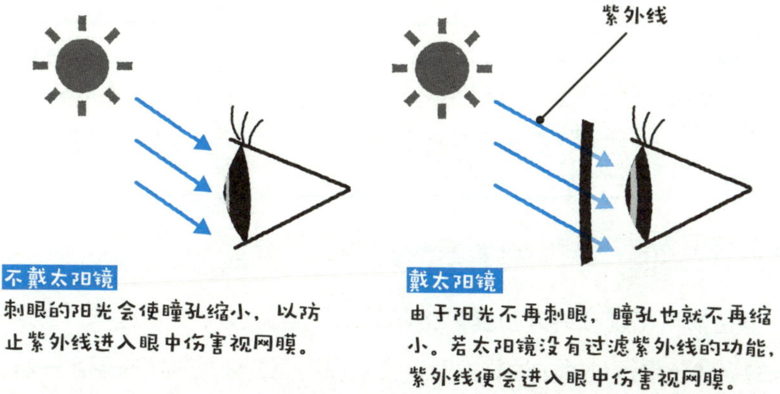

图4　二芳基乙烯的特征

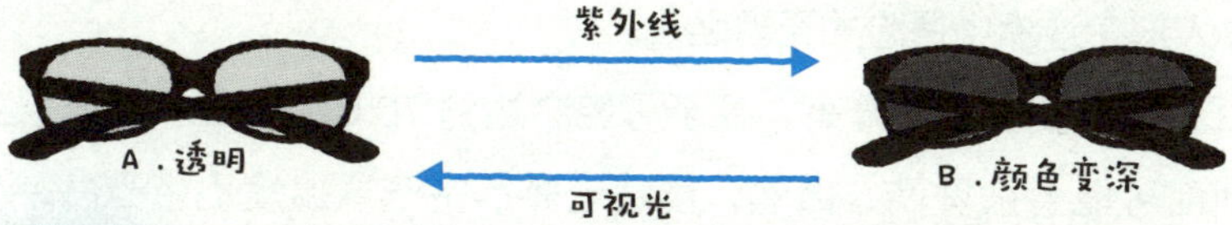

特征①	A、B化学结构稳定，在30°C的条件下能够保持1900年无变化。
特征②	光着色⇄光褪色的反应速度在10皮秒（千亿分之一秒）以内。
特征③	光着色⇄光褪色的反应即便重复1万次，效果也不会减退。
特征④	虽然是单晶体结构，但能够发生光敏反应。由于光敏反应会大幅改变分子结构，所以能够实现这一反应的晶体结构物质很少。

Q–23 为何会出现下蜃景?

在晴朗的日子里，我们有时会看到道路的前方像有水一样闪着粼粼的光，但离近后又发现，地上的水在更远的地方，并且像镜子一样映出了蓝蓝的天空。本节我们就来揭开下蜃景的面纱。

我们看到的“水”究竟是什么?

下蜃景常出现在春末至夏末的晴朗日子里。像图 1 中这样，当从一个较低的视角去看远处的柏油路面时，会发现地面就像被洒了一层水一样。当我们走近时，那片水也会随着我们向前移动，任我们怎样追都追不到，就像一片会逃跑的水洼。它的真实身份是天空。当阳光照射在地面上时，光线反射进我们的眼睛，让我们觉得看到了水。其实，这是一种错觉，这也是导致人们在沙漠中遇险的原因之一。

白天，路面温度会升高，甚至可能会达到 70℃的高温，若皮肤直接接触地面可能会被烫伤。自然，接触地面的空气层温度也相当高，而且其密度也因温度的升高而降低（低密度）。在路面上方稍高些位置的空气层，温度大约降至 30℃（高密度）。像这样不同温度、不同密度的空气层的叠加便是引起下蜃景的原因。

光的折射形成下凸的曲线

光在真空中能够以光速（约 30 万千米 / 秒）前进，但在空气中却无法达到这一速度。空气的密度越大，光的传播速度也就越慢。而光速与其在空气中传播速度之比，就是空气的折射率。因此，空气的密度越大，其折射率也就越大。一般情况下空气的折射率约为 1.0003。

请看图 2 中的 A 图。距地面越远的空气温度越低，密度也就越大，

图 1　下蜃景

下蜃景并不是地面有水，而是地面反射出的天空“看起来像水”而已。

摄像：啄木鸟

图 2　下蜃景的原理

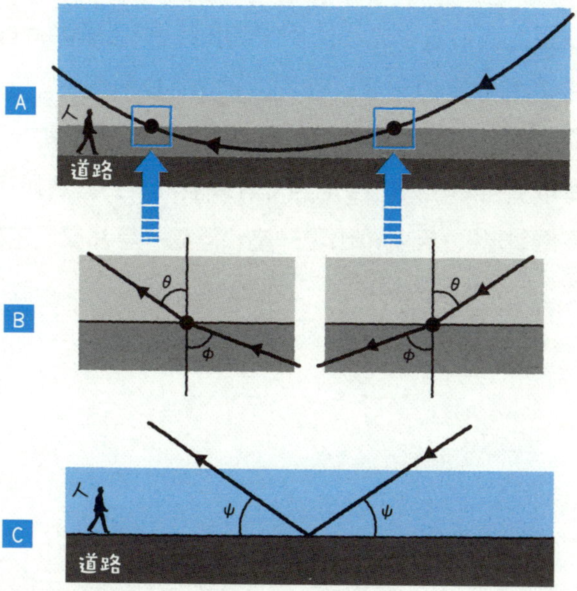

A 为整体图示。B 为各个点所适用的折射原理。C 为假设所发生反射为全反射的情况，这时的地面可以被看作一面镜子。

折射率也就随之变大。于是光便形成了由高密度层向低密度层弯曲的下凸曲线。现在，让我们将注意力聚焦在曲线的一点上。从图 2 的 B 图右半部分可以看出，“对于入射角 θ 来说，出射角 φ 的大小随着折射率的变化而改变”这一现象符合折射定律。从地面反射出的光线同样也符合折射定律（B 图左半部分）。

通过对图 2 中 A、B 两张图的分析，我们可以看出，C 图中地表附近所发生的反射是全反射，因为它的“入射角 ψ 等于反射角 ψ”，符合反射定律。虽然不同密度空气层的组合方式不同，所产生的效果也会有差异，但可以说这时的地面相当于一面镜子。

◎ 海市蜃楼的原理与下蜃景相同

我们之所以能够看到东西，是因为我们的眼睛能够接收到光线。大多数情况下，光都是沿直线传播的，因此我们的大脑会认为“我们所看到的物体应在摄入我们眼中光线的反向延长线上”。所以，当光发生弯曲时，我们就会看到异常的图像。在图 2 的 A、C 两图中，位于左侧道路上的人会看到远处出现了奇异的现象。这种现象便是海市蜃楼的一种。尤其是下位海市蜃楼，在日本各地经常有人能够看到。例如日出或日落时太阳变成“不倒翁形”，天空中出现一座“浮岛”等都属于下位海市蜃楼。图 3、图 4 便是两个典型的例子。

图3　“不倒翁形”太阳

不同地域看到的景象不同，除“不倒翁形”以外，还有“红酒杯形”“欧米伽形”等。在水平线附近发生的海面乱象同样也是海市蜃楼。

图4　浮岛现象

看起来就像一座小岛浮在水面上。从图上可以看出小岛是上下颠倒的状态。

Q–24 利用生物识别技术的安全措施真的安全吗?

在门禁系统中，利用了生物识别技术的安全系统现在备受瞩目。那么，这种利用个人特征来进行个人身份鉴定的生物识别技术真的安全吗?

生物识别分为“身体特征识别”与“行为特征识别”两大类

这里我们介绍的生物识别技术，是指利用计算机来判断当前的人是否与事先登录的人一致的功能。由于系统在对比（识别）时利用的是个人的生物学特征，因此被称为生物识别。

最被我们所熟知的生物识别，应数指纹识别这类利用身体特征的识别技术了。除指纹外，面部及声音的特征，身高、体重等身体形态（身体器官）特征同样属于身体特征的范畴。对身体特征的识别需要利用图像识别技术，而这一技术的实现则需要摄像机、小型探测器及计算机的支持。

举几个例子，手掌静脉的脉搏、眼球虹膜或视网膜等都属于个人身体特征识别中非常常用的人体特征。另外，先将眼睛的位置（两眼的间距、与眉毛间的距离、与额头的距离）、嘴巴的位置及嘴型等信息数字化，再与事先登录的信息做对比也是识别的方法之一（图 1 上）。

再有，人类动作的特点，例如签名（书写顺序、笔尖压力）、说话方式（发声、发音）、走路姿势（步幅、重心的移动）等行为特征也可以用来进行生物认证（图 1 下）。

由于每个人在生物角度的信息都存在大大小小的差异，即便是各方面都非常相近的同卵双胞胎也不可能完全一致，因此是无法通过模仿来骗过识别系统的。

图1 生物识别技术

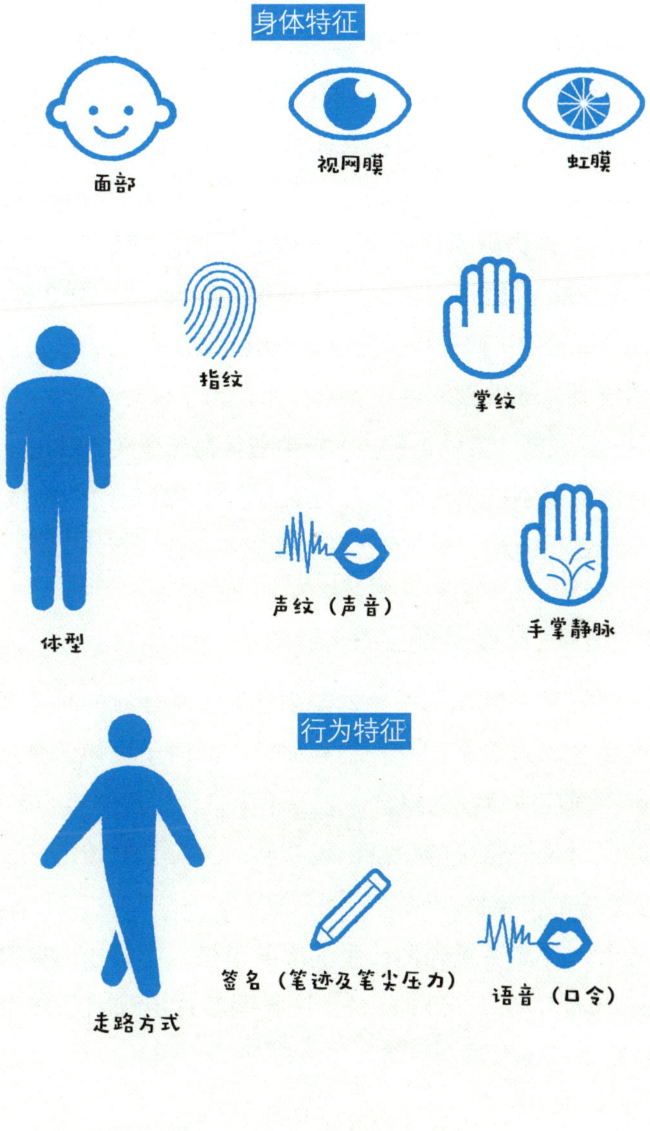

虽然生物识别的认证越严格，安全性就越高，但若是过于严格，则有可能出现连本人都无法识别的情况，可以说是一把“双刃剑”。

随着时间的推移、年龄的增加，我们的指纹、面部特征等也不断地发生变化，意外事故或伤害也有可能使我们的身体特征发生变化。因此，若将识别系统设置为必须与登录信息完全一致，就会导致某种程度的识别困难。

为了防止识别失败带来不便，一般的识别系统都会有一套备用的安全体系（万能钥匙）。例如，可以像 Windows10 中 PIN（Personal Identification Number）码一样提前设置一组 4 位数的密码。

使用指纹及面部识别等生物识别技术是为了保障安全，让人可以安心。可密码一旦泄露，生物识别技术就会变得毫无意义。因此，现在大多数情况下，生物识别技术只是让人们免去了带钥匙出门的麻烦（换句话说，是让人们使用方便），对其他方面的要求并不会过高。

◎ 通过组合的方式提高安全性

怎样才能提高生物识别系统的安全性呢？从一般的防范角度考虑，若担心钥匙丢失，只需多配几把钥匙便好。而对于生物识别技术来说，则可以利用不同身体特征的组合，或是不同行为特征的组合来实现。这样一来，即便对某一特征的识别出现误判，还有其他特征来提供保障，大幅提高了系统的安全性。

更有甚者，会在手腕内侧或手的皮肤下植入超级小的微型 IC 芯片（Radio Frequency IDentifier，RFID）。这类型芯片中记录了复杂的 ID 编码，可与生物识别技术结合使用。

图2　非接触式生物识别系统

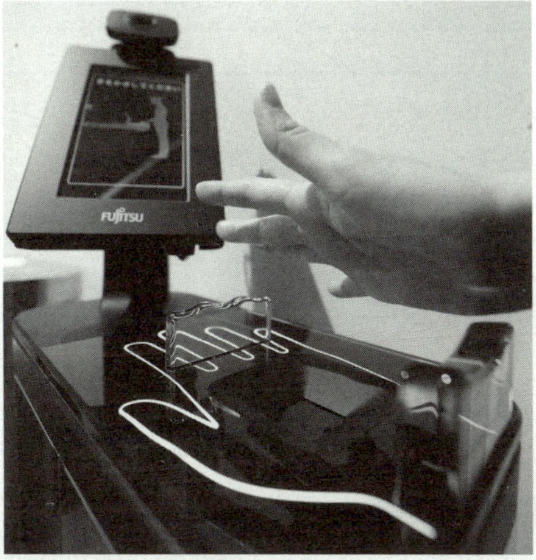

罗森便利店在其首家无人售货店铺——罗森富士通新川崎TS自助购物店中，导入了富士通的非接触式生物识别系统。这是通过对手掌静脉及面部特征的识别来判断身份的一项技术。该系统被应用在进店的身份识别及购物后的缴费。

供图：时事

图3　通过组合的方式提高安全性

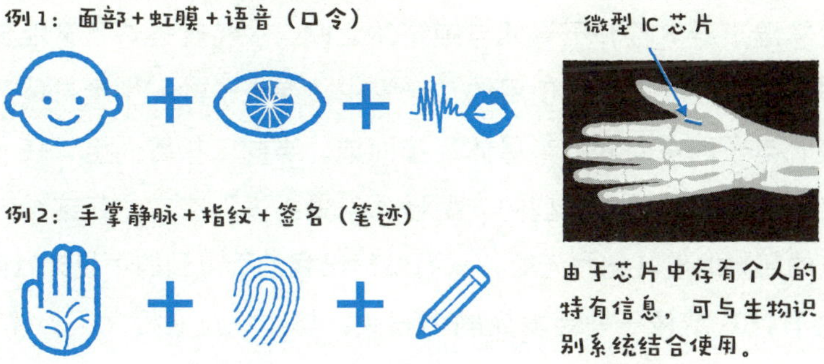

Q–25 为何交通信号灯比过去薄了很多？

马路上的信号灯由于过于常见，很少有人会留意它们。但只要仔细观察就会发现，越来越多的信号灯变得比以前更小、更薄。那么，为什么信号灯会向紧凑型发展呢？

LED 使交通信号灯变得更薄、更节能

1930 年，日本首次在十字路口设置了灯泡式的信号灯，位置就在东京的日比谷。时至今日，这类信号灯在日本已有 20 万台以上。灯泡式信号灯由灯泡、反射镜、有色镜片及遮光罩组成。但它存在一个问题，就是当阳光照射在信号灯上时，所有的灯看起来都是亮的（疑似亮灯现象）（图 1）。随着高亮度的绿色 LED（Light Emitting Diode，发光二极管）的出现，自 1994 年开始，LED 信号灯得到应用。由于其出色的节能效果，现在有六成以上的机动车信号灯，以及五成以上的人行横道信号灯都已改用 LED 信号灯（东京使用率约为 100%）。

LED 是一种可以在有电流通过的情况下发出可见光的半导体。半导体是在常温下导电性介于导体与绝缘体之间，在特定条件下又能够变身为导体的物质。LED 中所使用的二极管由传递电子的 n 型半导体及拥有能够接收电子的空穴 p 型半导体连接而成。当向二极管通电，使 p 型半导体带正电时，电子由 n 型向 p 型移动，最终进入空穴。在这个过程中所产生的部分能量转化为光能，从而发射出我们所见到的可见光（图 2）。

由于 LED 就像一块会发光的小石头，与传统灯泡相比不但体积小，发热量还低。这就使得体积小且节能的信号灯的出现成为可能。LED 半导体的主要成分为镓，生产者会通过向其中添加其他元素（铝、砷、氮、铟等），使其发出不同颜色的光。

图 1 灯泡式信号灯的疑似亮灯现象

当阳光照射到信号灯上时，所有灯泡看起来都在发光。

供图：泷原渡

图 2 二极管的构造（p 型、n 型半导体）

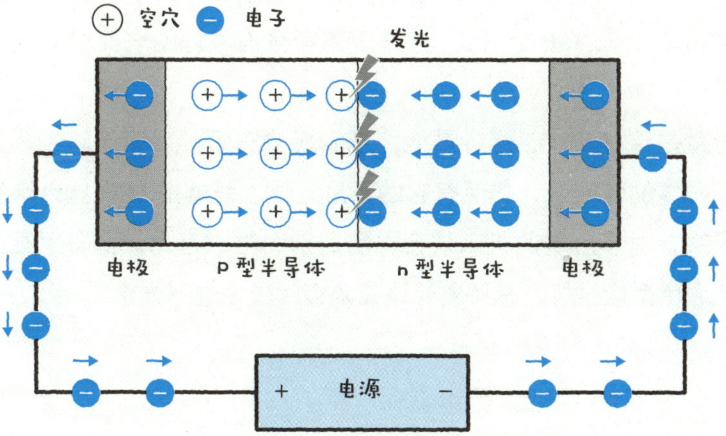

◎ 薄型信号灯催生出的折光镜片

2011 年东日本大地震以来，节能成为人们关心的问题之一。于是，使用了 LED 的薄型信号灯迅速普及。然而，在容易出现积雪的地区，“由于信号灯被雪盖住而看不到信号指示”的问题却不断出现。原来，传统的灯泡型信号灯由于其工作时会释放出热量，能够使覆盖在上面的积雪融化。可 LED 型信号灯的发热量却很小，无法融化积雪。除此之外，遮光罩的存在也是导致积雪的另一个主要原因（图 3）。

于是，人们尝试将信号灯的表面向路面的方向倾斜约 20°（图 4）。这样，不但灯的表面不再容易积雪，同时也不再需要遮光罩，阳光也很难直射在信号灯上了。

然而，这样做会使得 LED 的光线射向路面，导致远方的车辆难以辨认信号。针对这一问题，人们又开发出了能够使光发生折射的镜片。如图 5- ②所示，LED 发出的向斜下方的光线，在折光镜片的作用下改变了方向，变得与路面平行。这使得远处的司机也可以清楚地辨认出信号灯的颜色。最近，一种不使用折光镜片，而是直接改变 LED 光源角度的信号灯被研发出来（图 5- ③）。这种工艺使得信号灯的表面像智能手机一样平滑。

可就是这样集小、轻、节能、抵御恶劣气候、后期无须过多保养等优点于一体的信号灯，仍然有它的不足之处，那就是 LED 比灯泡发出的光束要窄，对于色弱的人来说会出现识别困难。为此，科研人员正在研发一款通用型信号灯，相关实验也在紧锣密鼓地进行当中。

图 3　被积雪覆盖的信号灯

无法判断出哪盏灯是亮的，具有很高的安全隐患。

图 4　倾斜的薄型信号灯

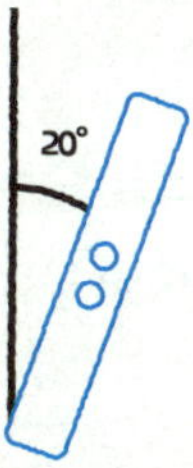

20°的倾斜角使信号灯不再需要遮光罩，同时也不再容易被积雪覆盖。顺便说一下，这类信号灯如果从侧面看，所有的灯看起来都是灭的。

图 5　如何使倾斜安装的信号灯发出的光向正前方传播

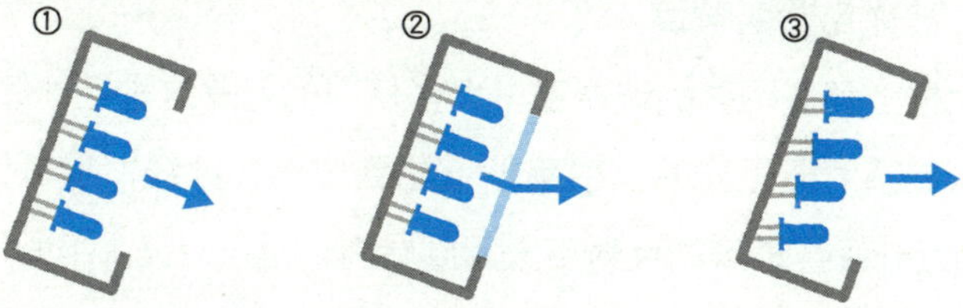

①倾斜信号灯会使光线的方向也变得向下。

②使用光发生折射的镜片（透明），使光线向正前方传播。

③改变 LED 光源的方向，使其向正前方传播。

Q-26 为什么有些高层建筑使用的玻璃看起来像镜子？

在晴朗的日子里，当我们漫步在繁华的都市，总能看到一栋栋办公大楼的玻璃窗像镜子一样，映出蓝天白云或周围其他的美景。为什么玻璃窗会如此闪亮、如此美丽呢？

既能透光又能反射光的复合材料技术

玻璃与镜子有着相当密切的联系。金属的表面若被打磨得相当光滑，便可反射光线，达到镜子的效果。这是由于金属中有许多自由电子，它们会对可见光做出反应，几乎可以将照射在金属表面的可见光全部反射回去。当然，这要求金属表面必须足够光滑。

镜子，就是在光滑的玻璃上镀一层金属银，使其能发生完美的反射（图 1）。但是，由于可见光无法透过银涂层，所以若用镜子做窗户，那屋中将会是一片黑暗。

但是，如果将金属涂层的厚度控制在一定范围以下（肉眼无法看出厚度），那其中自由电子的量达不到将光完全反射的程度，有些光便能够透过玻璃及涂层。红外线反射玻璃就是通过调整涂层所使用的材料及厚度，使玻璃具有一定的遮光性，从而抑制室内温度上升，实现节能效果的，因此也被称为节能玻璃。

办公大楼上那些明亮的玻璃窗，大多使用的就是这种红外线反射玻璃。其中，有些玻璃对可见光的反射率能够达到 30%，已经很接近镜子了。冬天，室内的红外线在玻璃的反射下又回到屋内，也可以提高房间的保温性。

在节能玻璃中，还有一类通过吸收来阻止红外线穿透玻璃的红外线吸收玻璃。它是利用向玻璃中加入能够吸收红外线的离子（通常是铁离子），提高玻璃对红外线的吸收能力的。

图 1　镜子的结构

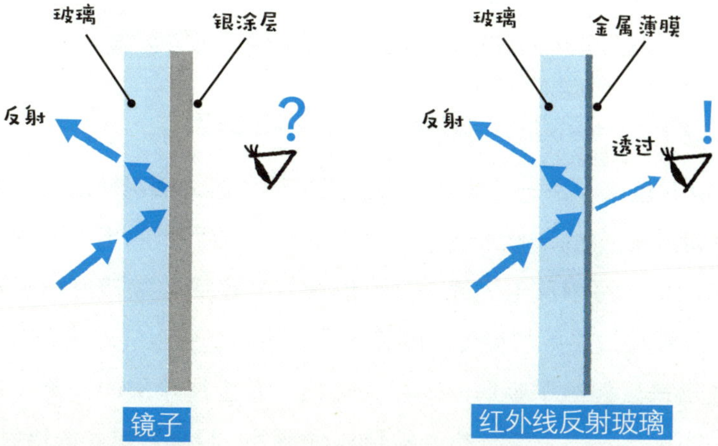

在玻璃内侧均匀地镀上一层银涂层便能得到一面镜子。这利用了金属对光的反射。当金属涂层足够薄时，部分光线便能够穿透玻璃。

图 2　中空玻璃（多层玻璃）的断面结构

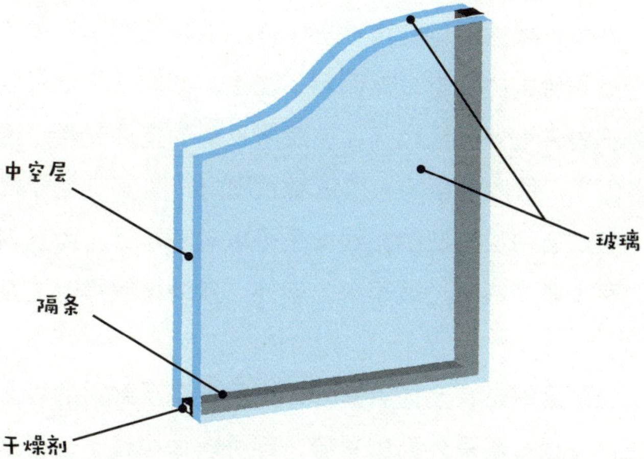

中空层中封有干燥空气、氩气等不易导热的气体，隔热性能良好。

除以上两种玻璃外，还有一类节能玻璃也颇具人气。这类玻璃利用了空气导热差的特性，通过在两层玻璃中设置中空层，并向其中注入干燥空气，以达到隔热的目的。这就是中空玻璃（多层玻璃，图 2）。

◎ 集优点于一身的节能玻璃——Low-E 玻璃

Low-E 玻璃，是一种集红外线反射玻璃、红外线吸收玻璃、中空玻璃的优点于一身的节能玻璃。从图 3 的结构图可以看出，这种玻璃既有金属涂层，可以反射光线，又可以像红外线吸收玻璃一样吸收红外线，所以隔热效果更加突出。被玻璃吸收的热量会以红外线的方式再次被释放出来，但由于金属的辐射率较低，有金属涂层的一侧会抑制红外线的辐射，使得大部分热量被释放到室外。Low-E 就是低辐射（Low Emissivity）的简称。在此基础上，再将中空玻璃的优点加入其中，便更能抑制热量的进出，提高玻璃的节能效果。

◎ 为何晚上能清晰地看到屋中的情况？

白天，办公大楼的玻璃就像镜子一样能够映出周围的美景，人们却无法透过它看到屋内的情景。然而到了晚上，却能清晰地看到屋内的景象。这是由于白天室外光线较强，玻璃所反射的室外光强于透过玻璃射向室外的室内光，所以外面的人很难看到屋内（图 4）。到了晚上，室外光线变暗，通过窗户反射回的光线几乎可以忽略不计。而室内由于有灯光照明，会有大量光线透过玻璃射向室外，从外面就可以清楚地看到室内的样子了。

相反，如果这时站在室内看室外，由于玻璃反射回的灯光强于室外透进的光线，会很难看清外面的景象，但可以像照镜子一样从玻璃中看到自己的影子。所以当你夜晚在公司加班时，虽然你看不清窗外的景象，窗外的人却可以看到你努力的身影哦。

图 3　Low-E 玻璃结构及光照能量示意图

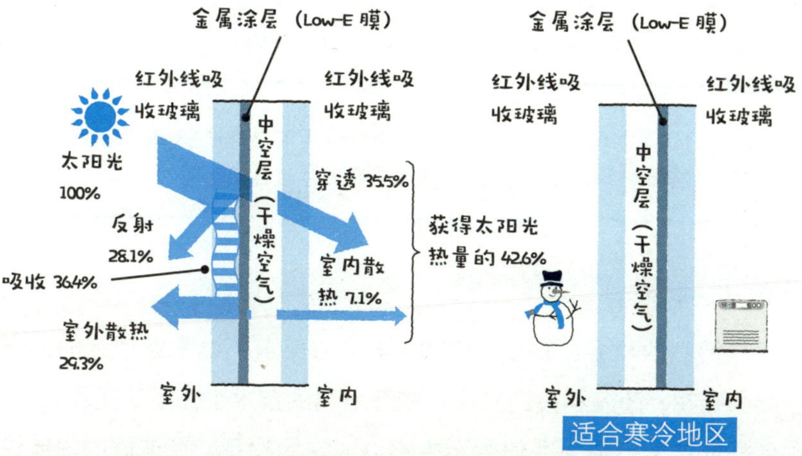

室外的红外线，在金属涂层及红外线吸收玻璃的双重作用下被遮挡在室外。被玻璃吸收的热量以红外线的形式再度被释放出来，但由于金属的辐射率较低，红外线很难穿透，因此大部分热量被重新释放到室外。在寒冷的地区，为了减少室内热量的流失，会将金属涂层镀于靠近室内的一侧。

图 4　玻璃的反射与穿透示意图

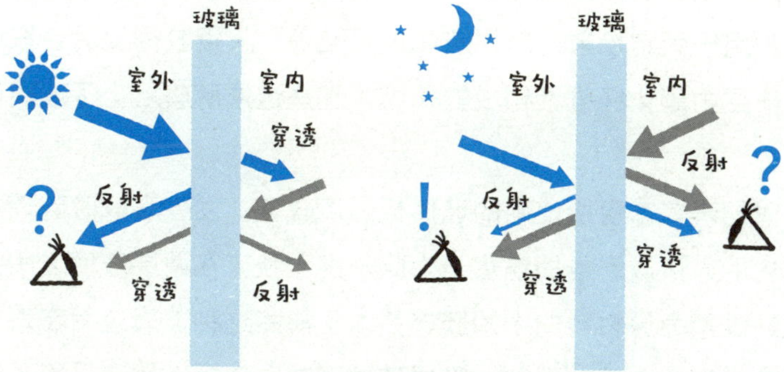

当室外阳光较强时，被玻璃反射回的光线要强于室内透出的光线，因此人们很难从室外看到室内。而夜晚室外光线较弱，透过玻璃射出的室内光线强于室外的反射光线，人们便可从室外清楚地看到室内的样子。相反，室内的人则只可以在玻璃上看到自己的影子，很难看到室外的景象。

Q-27 为何汽车的挡风玻璃那么结实?

汽车的说明书写着:“本车前挡风玻璃使用的是夹层玻璃,紧急逃生锤无法将其敲碎。”那么,为什么这种玻璃要做得这么结实呢?

夹层玻璃的出现纯属偶然

一次偶然的机会,距今约 5000 年前的美索不达米亚地区的人发现了玻璃的存在。随着科技的发展,制造玻璃的技术也在不断提高。现在,各种各样的玻璃已成为我们生活中不可或缺的物品。在玻璃的发展过程中,复合材料扮演了相当重要的角色。这里将要讲到的夹层玻璃,就是由树脂薄膜与玻璃组成的复合材料。

大约在 1900 年,一位名叫爱德华·别涅狄克的化学家不小心碰掉了一个曾经装过火棉胶的烧瓶,但是他惊奇地发现这个烧瓶的玻璃碎片并没有四处飞溅。于是他在此基础上研制出了夹层玻璃。火棉胶是一种液体,常被用于固定粉末、制作液体创可贴等。火棉胶挥发后会在玻璃表面留下一层由硝化纤维素构成的薄膜,正是这层薄膜阻止了玻璃碎片的飞溅。

那时的汽车车窗所使用的玻璃板强度较差,发生事故时破碎的玻璃会对车内的人造成严重的伤害。为此,别涅狄克在两层玻璃之间加入了以硝化纤维素为原材料的中间膜,并为了能将这种玻璃应用在汽车上而奔走于各大汽车公司。现在,夹层玻璃不断改进后,普遍采用了透明度更高的聚乙烯醇缩丁醛酯(PVB)薄膜(图 1)作为中间膜。

在日本,1987 年以后生产的所有机动车的前挡风玻璃都必须使用夹层玻璃,这样即使发生事故,玻璃也只会产生裂纹,而不会四处飞溅或

图 1　夹层玻璃结构图

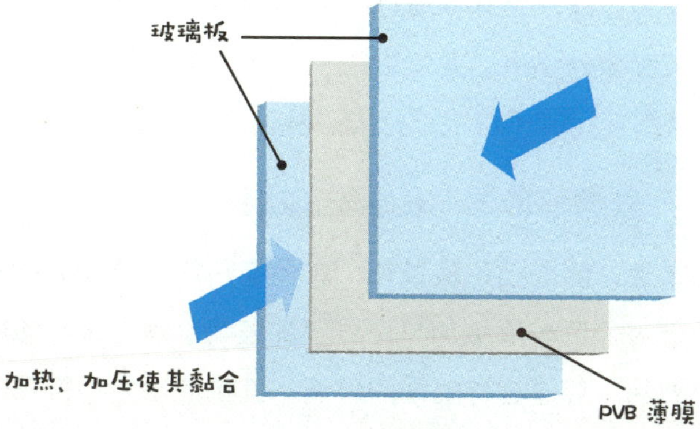

夹层玻璃由玻璃板以及中间的 PVB 薄膜组成。若 PVB 薄膜具备隔音及吸收紫外线的功能，还可以进一步提高车内的舒适度。

图 2　只能用特殊工具切开的挡风玻璃

消防员通过切割前挡风玻璃来救助车内人员。由于制作挡风玻璃使用的是夹层玻璃，因此在玻璃上打孔也无法使玻璃破碎，只能借助特殊工具来切断夹层中的树脂薄膜。

供图：时事

崩落。另外，当机动车撞到行人时，PVB 薄膜可以在一定程度上起到缓和冲击力的作用。除此之外，通过向 PVB 薄膜中添加紫外线吸收剂，可以达到将波长为 380 纳米的紫外线几乎完全阻挡的效果。

夹层玻璃即使用锤子也很难打破，所以也会被应用在防弹玻璃上。

“破碎也不会造成危险”的强化玻璃

在机动车上，除前挡风玻璃外，其他窗户使用的均为强化玻璃。强化玻璃是通过对普通玻璃板加热，再使其表面急速冷却，内部形成相应的张力而得到的。经过这样处理的玻璃，其抗冲击力的强度较普通玻璃提高了 3 ～ 4 倍。但这类玻璃有一个特点，即只要有一点裂痕侵入玻璃内部，玻璃内部的张力便会将这个小裂痕迅速扩大，最终使得玻璃粉碎成一个个小颗粒。但由于这些玻璃颗粒不存在锋利的边角，所以安全性较高。紧急逃生出口处的小锤子，正是利用了强化玻璃的这一特性，将冲击力集中在一点来敲碎玻璃的。

机动车的窗户上都印有类似图 3 上的文字，能够让人了解这块玻璃的材质。例如，我的车前挡风玻璃使用的是夹层玻璃，后门玻璃则是强化玻璃。文字中的 M 数字表示该玻璃的厚度、颜色及机能，但数字对应的具体内容则属于各厂家的内部信息。

除上述两种玻璃外，还有一种机动车用单层车门玻璃。这类玻璃通过在玻璃上贴防紫外线膜，可以最大程度地阻隔紫外线射进车内。若再加上隔音、阻热的功能，那车内的舒适度将会提升更多。

图 3　机动车玻璃印字

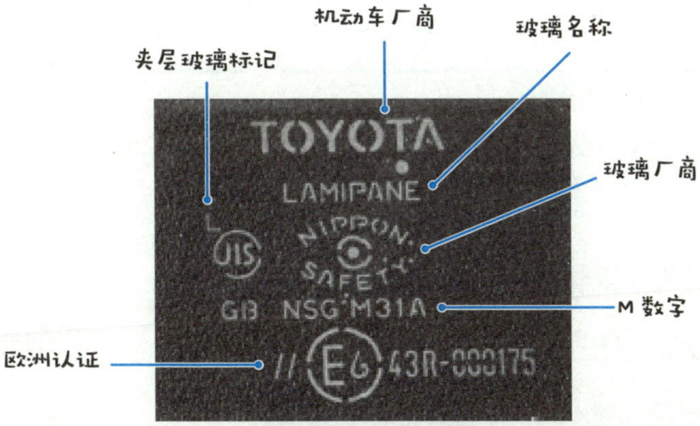

前挡风玻璃上的字

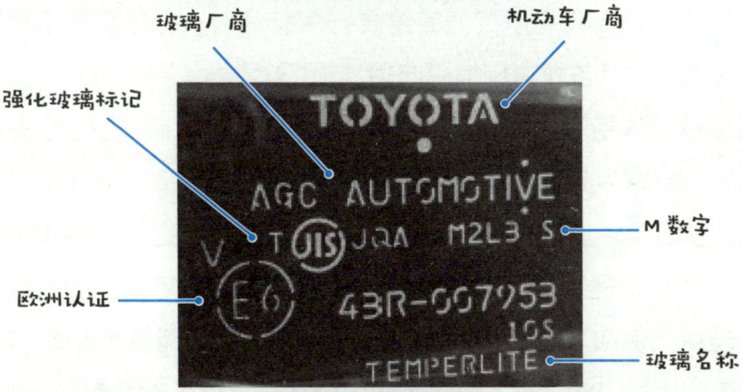

后门玻璃上的字

从玻璃名称及“T”“L”标记可以分辨出玻璃是强化玻璃还是夹层玻璃。M 数字代表玻璃的特征，但具体信息不对外公开。

Q—28 空调中的热泵有什么作用?

热泵是通过断热压缩与断热膨胀的方式，将空气加热或冷却的机器。它常被使用在空调、冰箱中用于制冷或制热。使用了热泵的空调及冰箱在制冷或制热时会比传统模式的更加环保。那么，热泵的工作原理究竟是怎样的呢?

一台机器为何既能制冷也能制热?

电暖炉、电磁炉等电器都是将电能转化为热能，但无法制冷。而空调则两者皆可，这是因为空调使用了热泵。

热泵具有两个与热相关的性质。其一，是快速压缩空气发热，快速膨胀空气制冷。当我们用打气筒给自行车打气时，打气筒的下部常常会变热，这就是空气被快速压缩引起的。

这里的“快速”是一个非常重要的条件。更为严谨的说法应该是“在热量不散失的情况下”。同样，在热量不散失的情况下使空气快速膨胀，则可使温度降低。这两种情况被称为“绝热压缩”与“绝热膨胀”。

另一个性质是，热量会从温度高处向温度低处转移。这一点相信大家都能理解。例如，我们将冰放入一杯热茶中，热量就会从茶水移向冰块。随着冰块的溶解，茶水的温度也降低了。这就是热平衡。

空调的工作原理正是利用了上述两点。空调分为内机与外机，在它们之间有一种制冷剂循环流动。制冷剂在普通状态下为气态，但若是温度降低或所受压力升高，则很容易变为液态。

传输热量的制冷剂

空调的外机中有一个装置叫压缩机，可通过发动机将室外的空气进行压缩，并产生热量。自行车的打气筒也可看作压缩机的一种。空调的

图 1　压缩空气生热

图 2　热平衡示意图

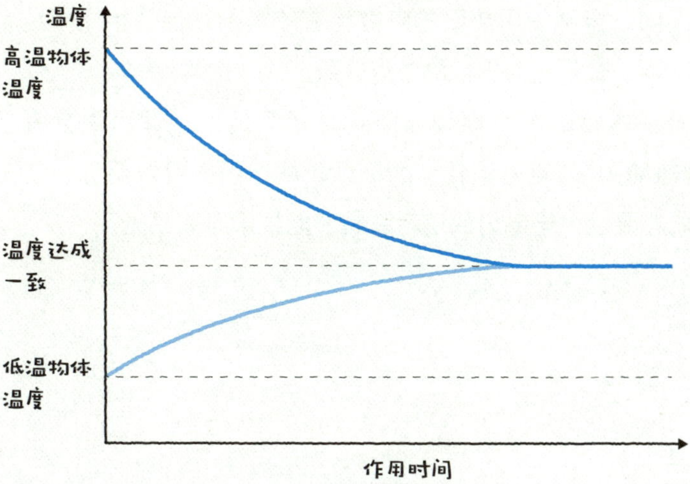

不同温度的物体接触后，温度最终会变成相同的。

制热原理其实很简单，就是利用热气将制冷剂加热，再通过制冷剂将热量传递至内机，并以此对室内的空气进行加热。制冷剂在室内释放热量后温度下降，状态也由气态变为液态。这一液化过程还会释放出气化热，使室内温度进一步升高。随后制冷剂再次被输送至室外，继续被加热成为气态。

而空调的制冷原理与这一过程完全相反。首先，被压缩机加热、加压的气态制冷剂在空调外机的作用下变为高温高压的液体，随后进入膨胀阀。膨胀阀可对制冷剂快速降压，以使其温度降低。空调中的制冷剂在这一过程中往往能够降至 5℃左右。低温的制冷剂被传输至室内机，并用来降低室内的温度。在吸收了室内热量后，制冷剂变为气态，而这一汽化过程还会再次吸收室内的热量，并带着这些热量回到室外。

从以上过程可以看出，热泵并非将电能直接转化为热能，而是利用电对空气进行压缩，以达到加热或制冷的效果。日式暖桌的工作原理与此完全不同。虽然使用热泵的电器构造较复杂，但是相比单纯利用电力发热的电器，有着更为出色的节能效果。

另外，冰箱的制冷原理与空调是相同的。空调通常会有“制冷能力”“制热能力”“电力消耗”的标识。从标识上可以看出，空调的制冷及制热能力要远大于电力的消耗，其节能效果显而易见。

图3　空调压缩机及膨胀阀的制冷示意图

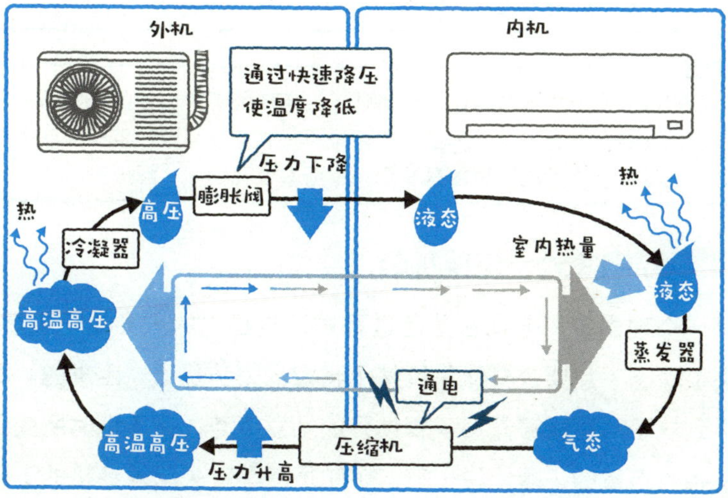

图4　冰箱中热泵的使用

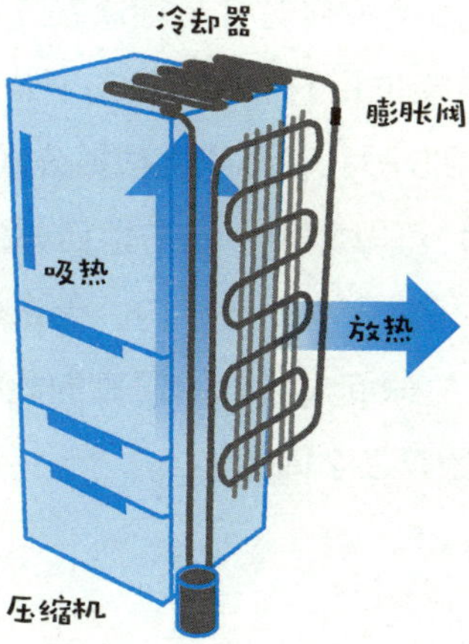

制冷剂在管道中流动。制冷剂被压缩机压缩后成为高温液体，在向膨胀阀流动过程中放热降温。在膨胀阀中，制冷剂被降压降温，低温的制冷剂使冰箱内部形成低温环境，来保存食品。

Q-29 当电梯突然坠落时，若能在落地瞬间起跳是否能够得救?

不知道你是否思考过这样一个问题：当电梯坠落时，若能在电梯冲击地面的瞬间让自己的身体处于腾空状态，是不是就可以得救？事实上这个方法无法帮助我们脱离险境，理由有 3 个，下面就让我们一一解析。

坠落过程中会处于失重状态

第一个理由是，电梯在坠落过程中，电梯内的人会处于失重状态。而在失重状态下想要令身体保持某个特定的姿势是相当困难的。即便是能够抓到扶手，也能够保持双脚叉开的站立姿势，在落地时所受到的伤害也是相当严重的。顺便说一下，宇航员就是在关闭发动机的下降飞机中进行失重状态训练的。

什么时候会落到地面?

第二个理由是，我们无法判断电梯何时会与地面发生冲撞。举个例子，当一部位于 30 米高，七八层楼位置的电梯开始向下坠落，若忽略空气阻力的影响，电梯落地时间为 2.5 秒。下落速度根据公式 $v=gt$（g 为重力加速度 9.8 米 / 秒 ^{2}，t 为时间）可以算出，撞击地面时的速度为 24.5 米 / 秒，也就是 88.2 千米 / 小时。对于身处电梯内，无法看到外面情况的人来说，很难在电梯撞击地面的瞬间起跳。即便真的能够找准时机起跳，也会遇到我们下面将要介绍的第三个问题。

起跳的速度能有多快?

第三个理由是速度。前面我们提到过，电梯在落到地面时的瞬时速度能达到 88.2 千米 / 小时。若能幸运地在失重状态下调整好自己的姿势，

图1 在电梯撞击地面前起跳能获救吗？

图2 下落过程会失重

在失重状态下起跳是一件非常困难的事情，能抓住些什么东西固定身体已是相当不易。

并且在恰当的时间起跳，那么可以减缓多少降落的速度呢？

可以想象一下，如果乘客在电梯中起跳，是无法助跑的。我们找来了跳高运动员和 NBA 篮球运动员的原地跳的高度记录作为参考。通过统计可以得出，他们的平均跳跃高度为 70 厘米。

运动员们到达 70 厘米顶点处的时间约为 0.38 秒，由此可以算出他们起跳的平均速度约为 3.7 米 / 秒，也就是 13.3 千米 / 小时。

我们将这个速度代入电梯中。电梯的下落速度为 88.2 千米 / 小时，电梯中人起跳的速度为 13.3 千米 / 小时，两者抵消，可算出人落地时的速度为 74.9 千米 / 小时。

举个更贴近生活的例子

让我们换个角度来看这个问题。

像图 4 这样，准备一辆挂有集装箱的卡车。一个人坐在一把有轮子的椅子上，脚踩在集装箱前壁。卡车撞击前方墙壁的效果与电梯下坠的效果相同。假设卡车的撞击速度为 88.2 千米 / 小时，即便人能在撞击瞬间顺利地蹬了一下集装箱的前壁，向后滑了一段，也将以 74.9 千米 / 小时的速度撞到集装箱上。这种情况下人是不可能不受伤的。

顺便说一下，当人处于坠落的电梯中时，获救率最高的方式是躺在电梯中，通过增加与电梯的接触面积来减少单位面积所承受的冲击力。

图 3　不知电梯何时撞击地面

起跳必须发生在电梯落地的瞬间，可身处电梯内部无法看到外面，这是很难实现的。

图 4　汽车在发生冲撞时的效果

即便在发生撞击的同时蹬一下集装箱前壁，最终也会以 74.9 千米 / 小时的速度撞在集装箱壁上。

谣言 2

牛奶及乳制品对肠胃不好

美国胃肠镜医生新谷弘美在她的畅销书中提出“牛奶及乳制品会对肠道造成伤害”。

她在书中指出“牛奶是生锈的脂肪”“牛奶会引起骨质疏松”“常喝酸奶会使肠相（新谷自造词）变坏”，等等。作为一名胃肠镜医生，她诊断过 30 万人的肠相。可是找胃肠镜医生做检查的，必然大部分是肠相不好的人。即便这些人中很多人有喝牛奶、吃乳制品的习惯，也很难说就是这个习惯令肠相变坏的。

除了一喝牛奶就会腹泻的乳糖不耐受（小肠中缺少分解牛奶中乳糖的乳糖酶）及对乳制品过敏的人群以外，普通人摄取牛奶及乳制品是不会对身体造成伤害的。

有研究表明，日本人平均寿命在世界居首位的原因之一，就是人们对牛奶、乳制品及肉类的摄入量增加，减少了死亡人数排名第一位的脑卒中的患病率。若人们按照新谷的说法“只吃蔬菜”“绝对不吃肉及乳制品”，那么这样的生活方式将会令人们的血管变脆弱，很可能会令脑卒中的死亡率再次升高。

现在，日本人的日常饮食中较缺乏的微量元素是钙。牛奶及乳制品中的钙易吸收，用来解决钙摄入量不足再适合不过。无论是为发育期的孩子补充营养，还是缓解中老年女性多发的骨质疏松，喝牛奶或其他乳制品都是可以的。若担心摄入过量的热量，可以选择低脂奶。

第 3 章

从傍晚到睡前会遇到的科学

Q—30 喝酒后体内会发生什么？

很多人喝酒后会变得情绪高涨，有人会笑，有人会哭，还有些人第二天会因宿醉头痛。那么，为什么酒会令人出现这些状态呢？本节我们就来分析一下。

影响身体的成分——酒精

说到“酒”，我们会想到啤酒、葡萄酒、烧酒等，种类繁多，口味、香气也各不相同。

酒中含有很多成分，其中对人体影响最大的就是酒精（乙醇）。酒精是非常容易被人体吸收的物质。我们摄入的酒精中，20% 会被胃吸收，剩余的 80% 中绝大部分会被小肠吸收。被吸收的酒精进入血液并流至我们全身各处，其中 5% 左右通过尿液或呼吸等方式被排出体外，剩余的 95%——也就是绝大部分的酒精在体内几经循环后，最终会被运至肝脏。

醉酒的程度取决于体内酒精的浓度

进入人体血液循环的酒精，必然也会流经人的大脑。由于酒精有麻醉作用，所以会令大脑麻痹，使人出现醉酒的状态。虽然不同体质的人酒量不同，但每个人醉酒的程度都是由大脑内酒精的浓度决定的。因为我们无法检测人脑中酒精的浓度，因此普遍会通过检测血液中的酒精含量判断一个人的醉酒程度。例如，酩酊大醉的人血液中的酒精含量为 0.16% ～ 0.3%（日本酒 720 ～ 1080 毫升）。

肝脏对酒精的处理

进入肝脏的酒精，在乙醇脱氢酶（ADH）的作用下会分解出名为乙

图1 进入体内的酒精循环过程及肝脏的分解

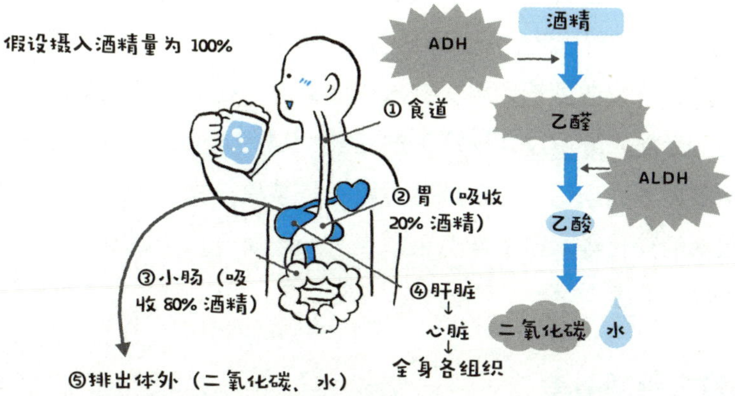

参考：武库川女子大学生物科学研究所，《饮酒与健康》

表1 饮酒量与血液中酒精浓度对照表

	饮酒量	血液中酒精浓度（%）	大脑与身体状态
兴奋	啤酒：1瓶 日本酒：1合（约180毫升） 威士忌：2杯（约100毫升）	0.02～0.04	微醺 皮肤变红 变得活跃
微醺	啤酒：1～2瓶 日本酒：1～2合 威士忌：2～3杯	0.05～0.1	微醺 稍有醉意 心跳变快
醉酒	啤酒：3瓶 日本酒：3合 威士忌：3杯	0.11～0.15	微醺 心胸开阔 站立不稳
大醉	啤酒：4～6瓶 日本酒：4～6合 威士忌：5杯	0.16～0.3	醉酒 脚步摇晃 呼吸加速
酩酊大醉	啤酒：7～10瓶 日本酒：7合～1升 威士忌；1瓶	0.31～0.4	麻痹 无法站立 胡言乱语
昏睡	啤酒：10瓶以上 日本酒： 1升以上 威士忌；1瓶以上	0.41以上	濒死 无法叫醒 大小便失禁

参考：酒精健康医学协会，《饮酒的基础知识》

醛的有害物质。之后在乙醛脱氢酶（ALDH）的作用下，乙醛又转化为对人无害的乙酸。乙酸随着血液被运往全身各组织器官，又被分解为水和二氧化碳，并随着尿液及呼吸最终被排出体外。

而未被分解的酒精会再次进入血液循环，在流经各组织器官后回到肝脏进行分解。分解过程中产生的乙醛也是造成宿醉的原因之一，但宿醉的主要原因尚未明了。宿醉有可能不是某单一物质所引起的，而是与人体激素的变化等众多因素有关。当有一天解开这个谜时，人们便可不再受宿醉的困扰。

◎ 酒量好和酒量差

一个人的酒量大小与体格、性别、年龄都有关系，但决定性因素还是体质。遗传因素决定了有些人体内的 ALDH 天生不活跃，他们就容易醉酒，也就是“酒量差”。所以我们要了解自己的体质，在喝酒的同时也要喝些水、吃些菜，以防止体内酒精含量快速升高。根据自己对酒精的代谢速度，慢慢喝才是正确的喝酒方式。

另外，无论酒量大小，“一口闷”是绝对要避免的。这会使血液中的酒精浓度急速升高，严重的可导致昏迷，是很危险的。

表 2　ALDH 活跃度与酒量对照表

活跃型	56%的日本人	能迅速分解乙醛	酒量大，喝酒不脸红
不活跃型	40%的日本人	分解乙醛速度较慢	酒量小，喝酒会脸红
失活型	4%的日本人	无法代谢酒精	不能喝酒

图 2　2015 ~ 2019 年因急性酒精中毒被送往医院的人数

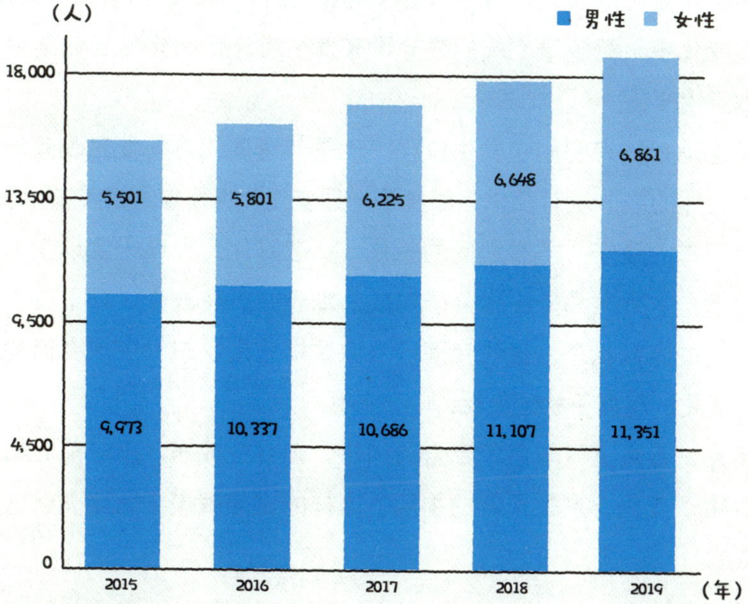

从每月被送急救的人数可以看出，12 月是最多的。这很可能与年底的年会等喝酒场合较多有关。

出自：东京消防厅

Q—31 荧光棒为什么经弯折后会发光呢？

观看演出、演唱会时，人们手中常会拿个发光的东西。其中比较常见的就是轻轻一折便会持续发光一段时间的一次性荧光棒。那么，为什么荧光棒会发光呢？

◎ 物理变化与化学变化

物质的变化可以分为物理变化与化学变化两种。这两者的区别在于，在物理变化中，组成该物质的成分没有发生变化，而化学变化则会伴随成分本身的变化。

无论是物体在空间中发生位移，还是其速度、方向发生改变，只要组成该物体的成分没有变化，即属于物理变化。像水结冰或变成水蒸气，物质在固态、液态、气态之间的转化（状态变化）也属于物理变化。因为冰、水、水蒸气都是由水分子构成，本质并没有改变，只不过各个水分子之间的组合状态发生改变而已。像这样只是状态发生改变而物质本身没有变化的就属于物理变化。

但是，若将氢气与氧气混合并加热，则会生成水。反应前后物质的成分发生了变化，产生了新的物质，这样的过程就属于化学变化（或化学反应）。

◎ 发光的化学反应

化学反应会产生并释放能量。例如，氢氧结合发生爆炸，在这一过程中能量便以热和光的方式被释放出来。

很多化学反应发生时，能量都会以光能的形式被释放出来。这一现象被称为化学发光。萤火虫所发出的荧光，便是自然界中的化学发光现

图 1　物理变化与化学变化

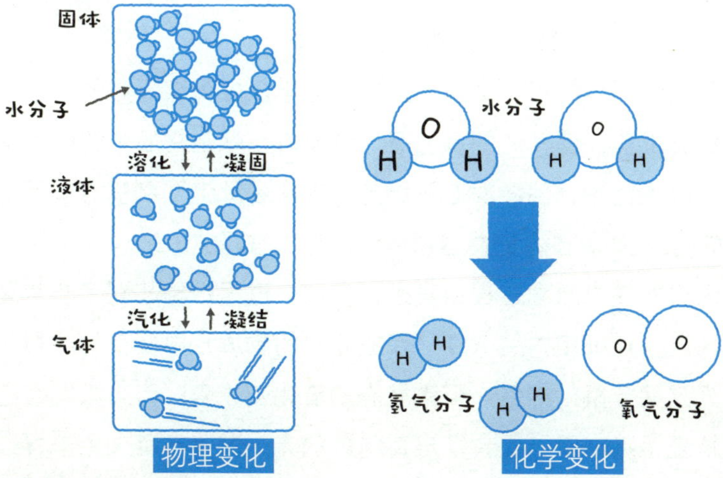

水的状态变化，只是水分子的组合形态发生变化，物质的本质并没有改变。

水的分解属于化学变化，原子间的重组会产生新的物质。

图 2　化学反应与能量

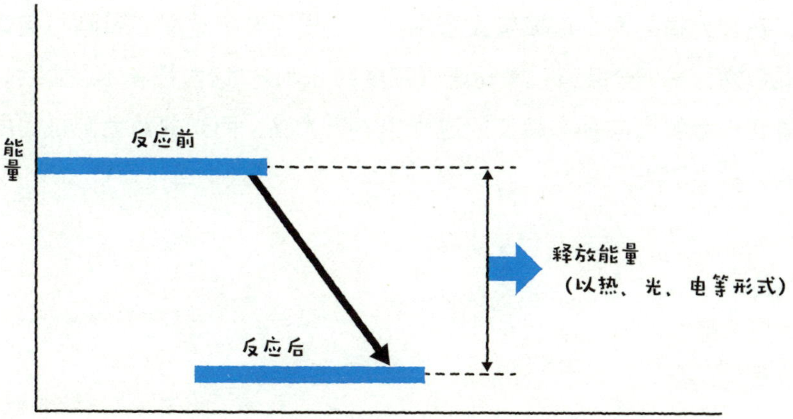

象。海萤、发光鱼等生物的发光原理也是如此。能够引起化学发光的化学反应中，大多数都是某种物质与氧结合而失去电子的氧化反应。这类反应与燃烧不同，往往不会伴随热量的释放。

化学发光原理的第一个条件，就是化学反应为该反应的生成物提供了足够的激发能，使其达到激发态。激发态，就是物质中的电子很活跃且拥有很高的能量。但激发态不稳定，很容易就会回到基态（不活跃的普通状态）。这时，多余的能量便以光的形式被释放出来。

萤火虫的发光原理过程很复杂，在这一过程中酶起到了非常重要的作用。通过消耗细胞内的 ATP（释放能量的物质）中储存的能量，荧光素被荧光素酶分解，产生处于激发态的氧化荧光素。而当激发态的氧化荧光素恢复至基态时，便会发出黄绿色的光。海萤与萤火虫一样，体内也有荧光素酶及荧光素。但两者的不同之处在于，萤火虫的发光部位在体内，而海萤发出的光则在体外。

荧光棒就是利用了萤火虫的发光原理，以化学发光作为光源。通过弯折，荧光棒内的玻璃管夹层破裂，夹层内外部的液体混合并引起化学发光。

在荧光棒的两个玻璃管夹层中，一个里面装有草酸二苯酯与荧光素的混合物，另一个装有过氧化氢（浓度约 35%）。这两种液体混合后，荧光素在由激发态向基态转变的过程中发出光亮，而光的颜色则是由所使用的染料决定的。

图 3　萤火虫的发光原理

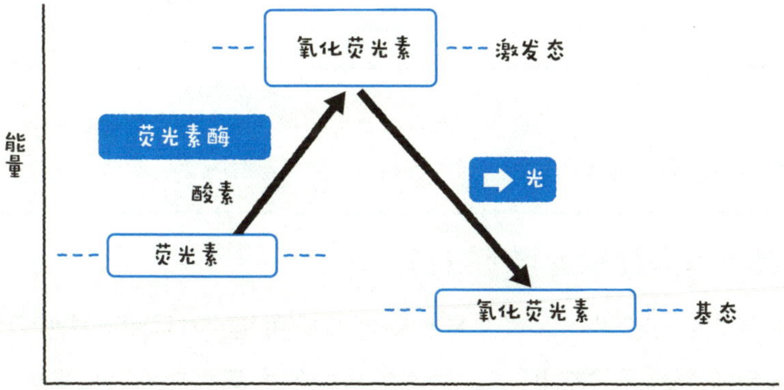

图 4　荧光棒的发光原理

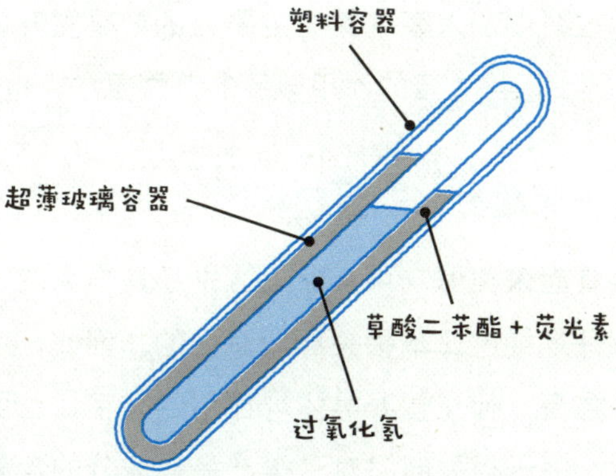

草酸二苯酯与荧光素的混合物与过氧化氢混合后，生成了稳定、高能的活性中间体（环状过氧化物）。这一活性中间体将荧光素激发至激发态，当荧光素由激发态逐渐恢复至基态时便会发出荧光。

Q—32 营养饮料与能量饮料真的能令人恢复活力吗？

在长时间工作后，有些人会喝一些营养饮料或能量饮料来缓解疲劳。这些饮料到底会对身体产生什么样的影响呢？本节就让我们一起来看一看。

营养饮料与能量饮料的共通点

很多人会在疲劳的时候或是想要再加把劲儿的时候喝一些营养饮料、能量饮料来为自己“充电”。这两类饮料中基本都含咖啡因、糖类、氨基酸、维生素等成分。其中。咖啡因可以提高大脑的兴奋性，也就是说有提神的作用。而糖类最终会转化为葡萄糖被人体吸收，这也是大脑工作所需的唯一营养物质。我们已知的氨基酸和维生素种类繁多，作用也各不相同。在功能饮料中加入氨基酸的主要目的就是提升体力、缓解肌肉酸痛及消除疲劳等。而维生素的作用涉及的范围更广，也更复杂。

营养饮料属于保健品，能量饮料则属于普通饮品①

这两种饮料看起来类似，可实际上区别还是很大的。营养饮料属于保健品，其有效性是经过日本相关部门认证的。因此，这类产品可以在包装上印有滋补强身、补充营养等体现作用的文字，也可以在广告中宣传其效果。同时，由于相关部门对这类产品在成分的含量上有着严格的限制，所以产品生产者有义务将成分表明确地标出。

而能量饮料则属于普通饮品。这类饮料不但不能宣传含有哪些特效成分，也不能在包装上或宣传时体现其有滋补强身、补充营养等效果。因此，这类饮料往往和果汁、运动饮料等被分在同一类别，在同一区域

① 以下内容部分与我国情况不同，可作为参考来阅读。

表 1　营养饮料与能量饮料中的相同成分

咖啡因	兴奋作用
糖类	为大脑提供营养
氨基酸	提高耐力等
维生素类	维生素E可缓解肌肉紧张，促进血液循环 维生素B_1等对促进新陈代谢有辅助作用，还可维持、调节神经系统

表 2　营养饮料与能量饮料的区别

	营养饮料	能量饮料
种类	保健品	碳酸饮料、清凉饮料
广告和宣传	能够在产品及广告中宣传作用和效果	不能在产品及广告中宣传作用和效果
销售	有专门的货架	与果汁、运动饮料在同一售卖区
代表成分	有助于肝功能的牛磺酸	以精氨酸代替牛磺酸

售卖。就算在电视广告中，也不可以在配乐中以歌词的形式宣传其效果。

◎ 以精氨酸代替牛磺酸的能量饮料

营养饮料中的代表成分牛磺酸，可以修复肝脏机能、缓解身体及视疲劳、舒缓压力。但由于人体无法合成牛磺酸，所以需要通过饮食来进行补充。人体每天大约需要 500 毫克的牛磺酸，而每瓶营养饮料中牛磺酸的含量则在 500 ～ 2000 毫克。

牛磺酸可以被添加在药品或保健品中，但能量饮料中是不允许添加这种成分的。因此，商家选择了能够扩张血管，有促进血液循环效果的精氨酸来替代牛磺酸。

咖啡因是营养饮料及能量饮料中都可以添加的成分。但是营养饮料中的咖啡因有含量限制，而能量饮料中咖啡因的含量却没有上限。因此有些商品中会大量添加咖啡因。对于日常就有喝茶或咖啡习惯的人来说，应注意避免摄入过量的咖啡因。

◎ 安慰剂也能助人恢复元气

安慰剂是指不具备药理作用的药物。它的英文名 placebo 源自拉丁语“使其喜悦”一词。它产生的效果被称为安慰剂效果。安慰剂之所以有效，是利用了缓解疲劳的成分配合类似药物的味道，使人产生“这东西有效”的认知。但这种效果很可能只是暂时的，所以不要过度依赖功能饮料，而是要先搞清楚成分、功能及可能造成的危害。

图1 咖啡因摄入过量有可能引起中毒

为追求咖啡因的提神效果而过量摄入是很危险的。

图2 安慰剂效果

Q—33 为什么烟花能呈现出多彩的颜色？

在夜空中绽放的烟花，会呈现出多种美丽的颜色。这些颜色是由火药中所含的金属元素的焰色反应所决定的。但是那些白色的火花并非焰色反应，而是铝等金属粉末剧烈燃烧的产物。

金属元素的焰色反应

当金属化合物被投入火中后，根据化合物中所含金属元素的不同，火焰会呈现出不同颜色。例如，将氯化钠、氢氧化钠等含有钠元素的化合物投入火中，火焰会呈现出黄色。这种火焰作用于金属元素后呈现出特有颜色的现象被称为焰色反应。下面列举一些金属元素及其焰色反应呈现的颜色。

表 1　各种金属元素的焰色反应

金属元素	锂 Li	钠 Na	钾 K	钙 Ca	锶 Sr	钡 Ba	铜 Cu
火焰颜色	深红色	黄色	淡紫色	红色	深红色	黄绿色	蓝绿色

用一根白金线蘸取某金属化合物的水溶液后放入火中，便可观察到该金属的焰色反应。

焰色反应发生时，火焰的高温使金属中的电子从能量较低的状态（基态）变为能量较高的状态（激发态）。但由于激发态不稳定，所以电子很快又会恢复至低能量状态。

元素的种类决定了其在吸收能量后会转变为何种激发态。当金属元素由激发态恢复至基态时，两种状态之间的能量差会以光能（电磁波）的形式被释放出来。

当激发态与基态之间能量差所产生的光的波长恰好处于可见光的

图 1　由激发态向基态转化时释放出能量

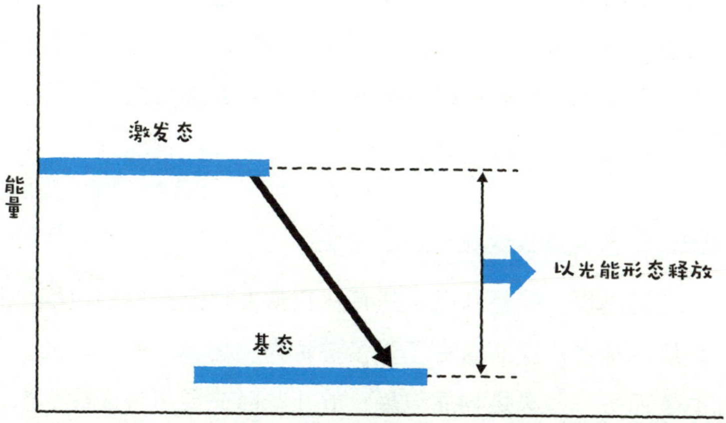

图 2　礼花的发射原理及构造

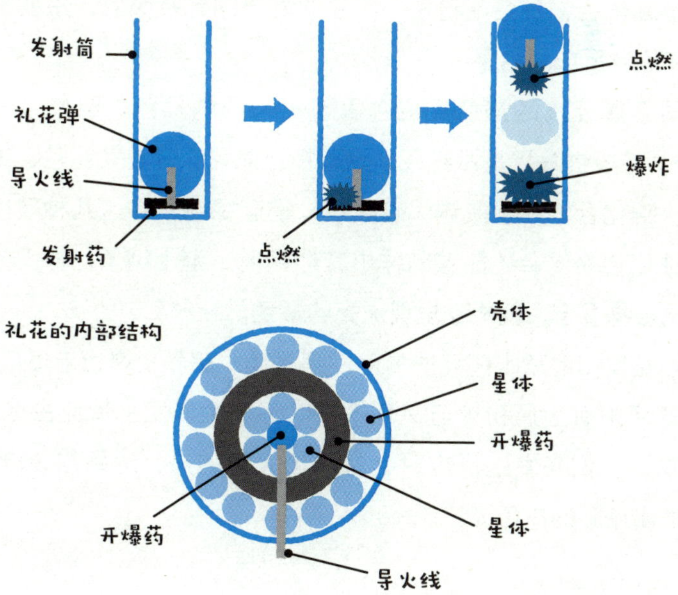

波长范围时，这类焰色反应是肉眼可见的。也就是说，金属从火焰中吸收的能量，虽然都会以光的形式释放出来，但是否会出现焰色反应则是由所释放的光是否可见决定。那些不发生焰色反应的金属元素，就是因为其在激发态向基态转换过程中所发出的光线并非可见光，所以看不到颜色。

◎ 烟花的颜色主要由焰色反应决定

放礼花的过程，就是利用火药将礼花弹发射至空中的过程。礼花弹是一个纸质的球体，里面填充了很多被称为"星体"的火药丸。而这些火药丸的表面被一些易燃物质包裹。放礼花时先要将导火线点燃，当礼花弹被发射至高空时，导火线点燃礼花弹内部的开爆药，使礼花弹炸裂，星体四散飞出。而星体的不同飞散方式，便形成了各式各样美丽的烟花。

飞散的星体，在空中会呈现出缤纷的色彩。这是由于星体中填满了火药与金属化合物及金属粉末。而星体发出的光及颜色，主要是金属粉末燃烧和焰色反应的结果。

不同金属元素的焰色反应会呈现出不同的颜色。例如，锶化合物（硝酸锶、碳酸锶等）是深红色，硝酸钡、氯化钡等是黄绿色，钠化合物是黄色，铜化合物（碳酸铜、硫酸铜）是蓝绿色。除这几种颜色外，通过将各种化合物混合还能够制作出其他颜色。举个例子，将锶的化合物与铜的化合物混合，就能够呈现漂亮的紫色。

而烟花发出的耀眼闪亮的白色，则是镁、铝等金属粉末燃烧的产物。由于礼花弹中有金属粉末与氧化剂（能够与金属发生反应生成氧化物）的混合物，它们在发生反应时会释放出大量的热，达到约 3000℃的高温，并发出耀眼的白色光芒。

图3 烟花的颜色

深红色	锶化合物
黄绿色	钡化合物
黄色	钠化合物
蓝绿色	铜化合物
白色闪光	镁或铝等金属粉末

Q-34 CD 的音质比黑胶唱片差吗?

相信很多人在下班回家后，都喜欢听听音乐放松一下。现在我们常听的 CD 及网上的音频大都是数码音源。但最近，黑胶唱片等模拟音源的销售量又出现了增长的势头（图 1）。这是为什么呢?

CD 对声音的记录

CD 是将声音转换为数码信号来进行存储的。在存储一段音频时，首先会将音频分割为若干短小的片段，再以 0、1 两种信号代替每个片段并进行存储（图 2）。读取的过程则与之相反。为了使镭射光线读取到光盘上的信息，会在光盘上以凹凸的形式记录信息，这就是 CD（图 3）。

光盘上的凹凸，分别对应着信号的 0 和 1，正是这一连串的凹凸组合将录音时的音质保存下来并可以重现。因此，CD 不会出现黑胶唱片中会出现的唱针噪声（爆豆声），也不会因转速不均匀等原因产生音质的变化，更不会因唱针在内外圈的转速差而使音质产生差异。

黑胶唱片对声音的记录

与 CD 不同，黑胶唱片是由与收音器相连的刻纹刀将声音刻制在母盘上的。制作母盘时，首先通过喷涂的方式在铝盘表面镀上涂层，再利用刻纹刀在涂层的表面将声音的震动如实地记录下来。由于是对声音的直接记录，所以无论是高音还是低音，从理论上讲都应该被记录下来。然而，制作母盘时需要对声音进行降噪处理，所以免不了要对低音区域及高音区域进行调整。虽然黑胶唱片能够比 CD 稍微多记录一些高频的声音，但无法做到对声音的完全还原。

被记录下来的声音再经过若干程序，最终被制成塑料的唱片。只要

图 1　2000 ~ 2019 年模拟唱片的生产数量变化

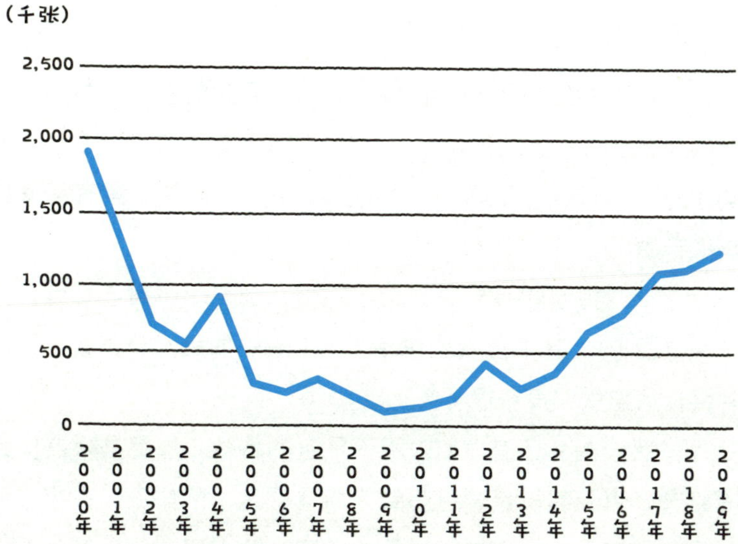

横轴为年份，纵轴为生产数量。以 2009 年为界，模拟唱片生产数量再次出现了提升。

出自：日本唱片协会

图 2　CD 的声音采样示意图

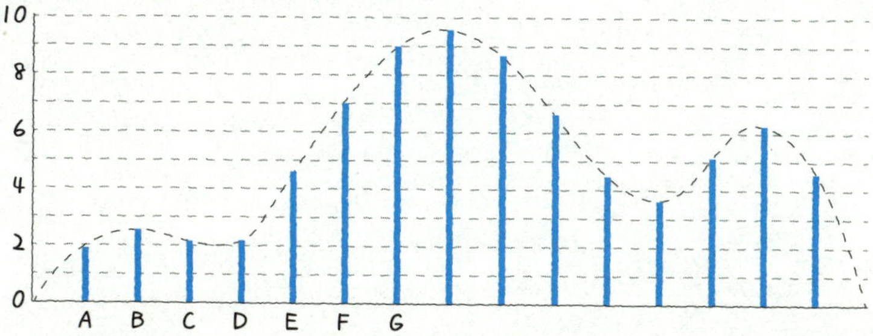

A ~ G 是具有相同间隔的区间。将 CD 的声音像这样分成若干区间，从中提取出波形及振幅数据，并用 0、1 所组成的二进制计数法将其替换。

将唱机的唱针放在唱片的表面，原音就可以重现（图 4）。

◎ 为何会出现黑胶唱片的回归？

CD 由于采样率的限制，免不了要对音源数据进行压缩，尤其是高频部分的声音会有不少缺失。因此，CD 的音质较黑胶唱片会让人有“生硬”的感觉。最近，为了弥补 CD 的这一不足，出现了具有高采样率的高分辨率音源。

与之相比，黑胶唱片无论音频的高低，都可以将声音持续、完整地记录下来（图 5），其中当然也包括 CD 中缺失的那部分声音。因此，黑胶唱片会让人感觉“声音很流畅”。

另外，黑胶唱片还有着 CD 所不具备的特性，那就是机器间的共振及表面杂音。黑胶唱机是通过唱针来感受唱片上的振动，并将振动通过唱臂传导至扩音器中。在这一过程中，声音会在某些位置产生共振，从而使声音变得更好听。另外，黑胶唱片所特有的表面杂音也能让音乐听起来更真实。

在数字音源已成为主流的今天，我们在网上可以找到大量的音乐数据。但依然有很多人认为数字音源的声音太生硬，他们为了追求“细腻、温暖、真实、有治愈效果”的声音，而重投使用模拟音源的黑胶唱片怀抱。

图 3　CD 的盘面与拾音器

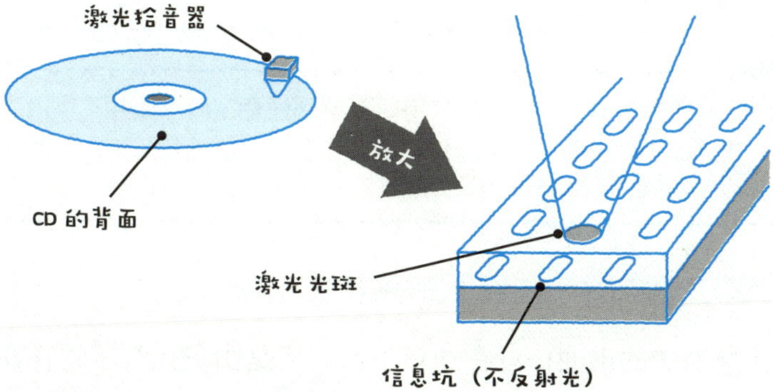

图 4　黑胶唱片的盘面与拾音器

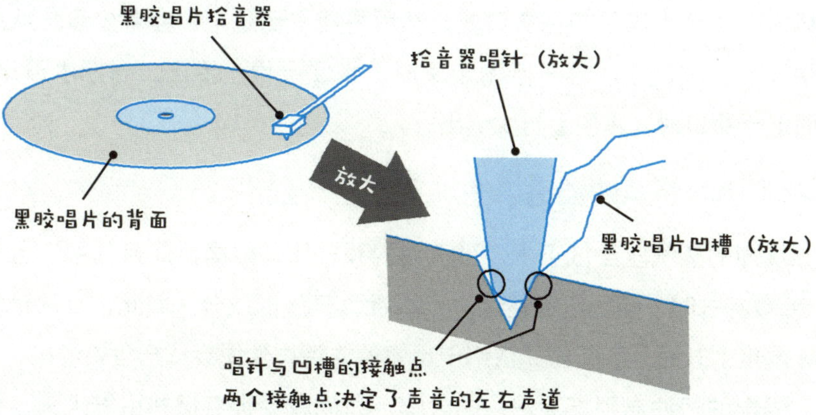

图 5　黑胶唱片的声音示意图

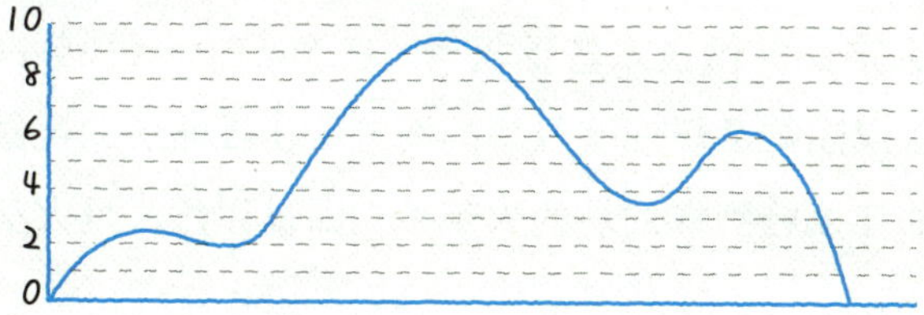

本图与图 2 的波形相同。但是与 CD 的分段取样不同，黑胶唱片的取样是不间断的，因此声音也更连续。

Q—35 为何煤油不像汽油那么危险？

由于汽油非常易燃，所以在使用时要特别注意。而煤油并不像汽油这样危险，其原因不仅仅是它不易点燃。本节让我们以煤油炉为例，看看这两者究竟有何区别。

卡式煤油炉中的油为何不会漏出？

卡式煤油炉的出油口设在油箱下方，但是由于大气压的存在，油箱中的煤油不会完全溢出。

我们可以在家中通过实验来模拟这一现象。首先，取一个装满水的饮料瓶，并用小碟子扣在瓶口处，然后将瓶子倒过来，会有少量水从瓶子中流出。但就在小碟子刚刚装满时，水便会停止渗出。当把水舀出，水面低于瓶口时，水便会再次流出。

若不小心将汽油装进煤油炉会发生什么？

煤油的蒸气压虽低于水，可汽油的蒸气压却很高，而且其中还含有在 30℃左右时，蒸气压会超过 1 个标准大气压的成分。因此，当油箱中液体温度上升时，大气压无法给予足够的支持，油便会从托盘中溢出。

溢出的汽油遇到煤油炉中的火焰，瞬间就会被点燃并引发火灾。同时，油箱内的液体温度持续上升，越来越多的汽油溢出，火势也会越来越大。

NITE（独立行政法人产品评价技术基础机构）在 YouTube（视频网站）上传了误将汽油加入煤油炉及煤油暖风扇的视频。在煤油炉的视频中，从托盘中溢出的汽油在接触到煤油炉的火苗后立即被引燃，且火势非常凶猛。

图 1 为何煤油不会从倒置的油箱中漏出？

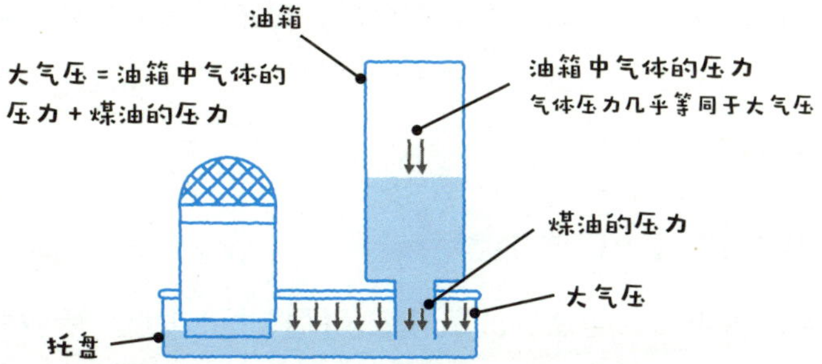

油箱的内外所受压力均衡，使托盘中的煤油不会溢出。

图 2 小碟子也能够支撑住饮料瓶中的水

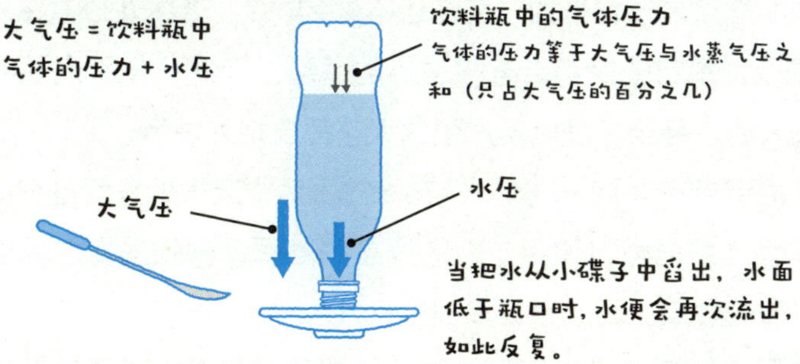

图 3 汽油受热后溢出

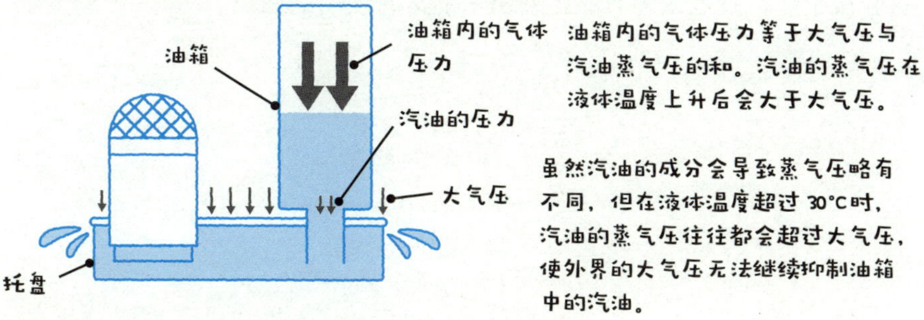

大气压 < 油箱中气体的压力 + 汽油的压力

而在煤油暖风扇的视频中，虽然运行时的热量会使汽油从油箱中溢出，但在风扇的作用下，汽油并没有被点燃。可是，当关掉风扇电源并再次打开时，点火发出的火星因点燃汽油蒸气而发生爆炸，煤油暖风扇瞬间被火焰包围。

◎即便在 -40℃时汽油也会点燃

当液体温度很低时，可燃性的蒸气浓度同样也会很低，所以即便将低温的液体靠近火焰也并不会引燃液体。但当液体温度升高，蒸气的浓度也随之升高后，再靠近火焰便会引燃该液体。像这样，仅仅是靠近火源便会引燃该物质的温度，被称为该物质的燃点。

汽油的燃点是非常低的，甚至还不到 -40℃。若将其放置在人们日常生活的场所，那它随时都会有被引燃的危险。因此，使用汽油的场所都是严禁烟火的，甚至连静电所产生的火花都要格外注意。

煤油的燃点在 40℃～ 60℃，在日常生活中起火的危险是很小的，因此会被作为油炉的燃料使用。但在炎热的夏季，密闭的室内温度有可能会超过煤油的燃点，因此也要多加注意。

消毒用的酒精燃点在 20℃左右，也属于易燃品，使用时同样需要格外注意。尤其是用喷雾酒精消毒时一定要远离烟火。有人在燃放烟花时衣服被引燃，就是因为衣服上残留了消毒时使用的酒精。

图 4　起火原理

液体温度在燃点以下时不会起火　　液体温度超过燃点后会起火

无论是煤油还是汽油，表面都有一定量的可燃性蒸气。液体温度越高，所产生的蒸气也就越多。当蒸气量达到一定程度时，仅仅靠近火源也会引起液体起火。这时液体的温度便是该液体的燃点。

图 5　煤油在高温场所也具有危险性

汽车内温度有可能达到 50℃以上　　密闭的房间同样也有隐患

图 6　因使用酒精消毒而导致的烧伤

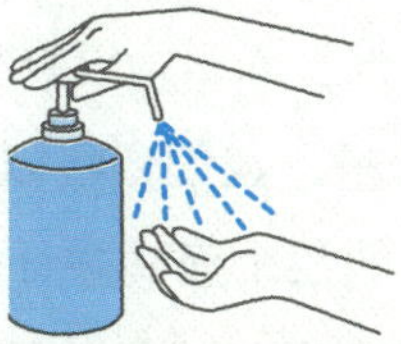

因消毒酒精残留在衣服的袖子上，并被烟花的火星点燃，导致人被烧伤。

Q–36 为什么建模时常用三角形来构成多面体？

相信很多人都有熬夜玩游戏的经历。这些游戏的立体画面大多由三维的多面体组成。CG（游戏动画）也是在此基础上制作而成的。本节我们就来看看为何这些多面体大多是由三角形构成的。

我们的眼睛是数码成像系统吗？

我们在生活中会看到各种各样的平面图像。这些图像会呈现在我们的视网膜上。若将这些图像进行细微的分化，最终得到的最小画面，就是组成整幅画面的基本单位。虽说人的眼角膜功能强大，但其观察能力还是会受到视细胞大小的限制。与人眼相对，电脑中显示的画面，其基本组成单位被称为像素。在大多数场合，像素往往都是四边形的。

而立体图形则是通过对物体表面细微凹凸变化的表现，来体现立体感的。由于我们的“肉眼”只能分辨有限的图像大小（面积），因此也可以将我们的视觉看作数码成像。

浅谈多面体欧拉定理

首先，我们先来看几个正多面体（图 1）。这里有正四面体、正六面体（骰子）、正八面体、正十二面体及正二十面体，它们是构成立体分割的基础。另外，很多人认为这样极具规则的图形是很美的。

从这些图形中，我们还可以衍生出更多多面体图形。例如，图 2 为一个正十二面体的每个面又被分成 10 个三角形及展开后的效果。像这样的多面体，其顶点数、棱长数及面数总满足一定的数学关系，这就是有名的多面体欧拉定理。

顶点数 - 棱长数 + 面数 = 2

图 1　各种各样的多面体

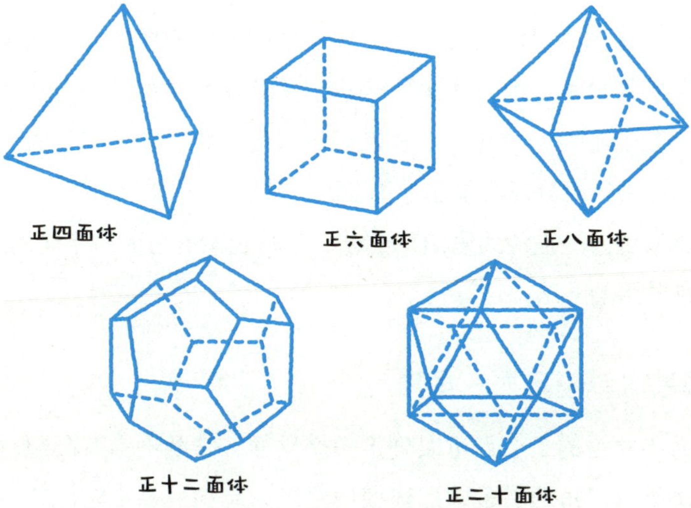

图 2　正十二面体被再次分割及展开效果图

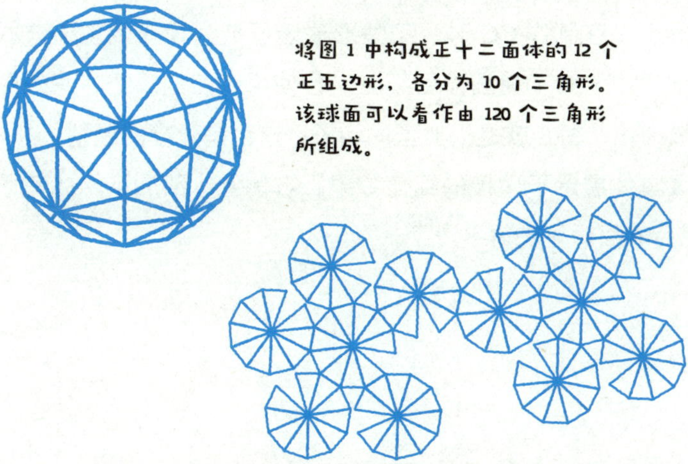

参考：一松信著，《解读正多面体》，东海大学出版会，2002 年

例如，图 1 右上方的正八面体，它有 6 个顶点、12 条边、8 个面，6 - 12 + 8 = 2，等式成立。

从这一定理中可以看出，在解决立体图形的问题时，很重要的一点就是要将图形分解为面，再进行分析。虽然在数学世界中有着各种构造的图形，我们不能说这是一个普遍规律，但在解决实际问题时，将立体构造的图形进行细分确实是非常重要的方法。

这种表现方法被称为多边形建模。在将复杂的曲面数字化的过程中，这是一种通用的方法。

建模基本单位多为三角形

因为不共线的三个点可以确定一个平面，它既不会有凸起，也不会有凹陷，所以三角形在多边形建模中是最为单纯的基本组成单位。而这一单纯的性质也使计算机的计算过程变得简单，计算结果储存量增大，耗电量及计算时间减少。

实际上，在制作 CG 时，三角形建模已成为现在的主流方式。而在三角形建模中，为了使画面更细腻，会使用专门的系统将构成图像的三角形尽量细化。图 3 就是很典型的例子，这也是建模的原型。

图 4 具体展示了建模的细化效果。右侧原本凹凸不平的兔子，在细化 10 倍后表面明显变得平滑了。

图 3　将三角形细化的方法

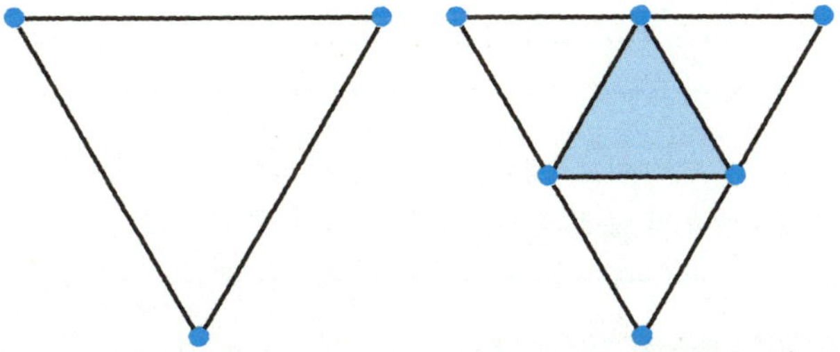

将三角形三条边的中点连接起来，原来的三角形就被划分为 4 个新三角形。这也意味着其精细化能力变为原来的 4 倍。这样看，建模是不是也简单明了了？

图 4　建模细化前后的差异

三角形建模出的兔子模型。左图三角形数量为10000个，右图为1000个。

出自：三谷纯，《多边形建模的数据结构与相位处理》

Q—37 智能手机为何会发热？

当我们用手机长时间看电影时，有时手机会变得特别热。那么，这是为什么呢？让我们一起看看智能手机的发热原因究竟是什么。

智能手机的内部究竟什么样？

我们以智能手机的代表 iPhone11（苹果 11）为例，来看看智能手机的内部结构究竟是怎样的（图 1）。虽然不同厂家、不同机型的手机内部构造多少会有些差异，但相差并不会很大。

机身占比最大的就是手机的电池（可充电电池），约为整体的 70% ～ 80%。在电池的一侧有许多小零件的部分叫作主板。它的功能相当于电脑的 CPU（中央处理器）或 GPU（图形处理器）。主板集处理各种数码信息的功能于一身，可以说是手机的“心脏”。

在主板旁边有一个卡槽，这里可以放置带有电话号码等用户信息的 SIM 卡。在电池上下两侧的矩形部件为内存，它是利用闪存等半导体存储器来存储信息的。

机体上部有 2 ～ 3 个圆形的部件，它们是相机镜头及半导体图像传感器。除这些之外，还有一个几乎布满了触摸传感器的显示面板（玻璃制），但它在图中并未被表现出来。

那么，发热的究竟是手机的哪个部分呢？对于智能手机来说，发热量最高的就是载有 CPU 的主板了。

对于电脑来说，CPU 所产生的热量可以被散热管转移至散热片或风扇处并被排出。但这种散热方式对于又薄又小的智能手机来说并不适合。

智能手机的散热，是通过导热性能较好的石墨贴将主板上的热量分

图 1　智能手机的内部构造

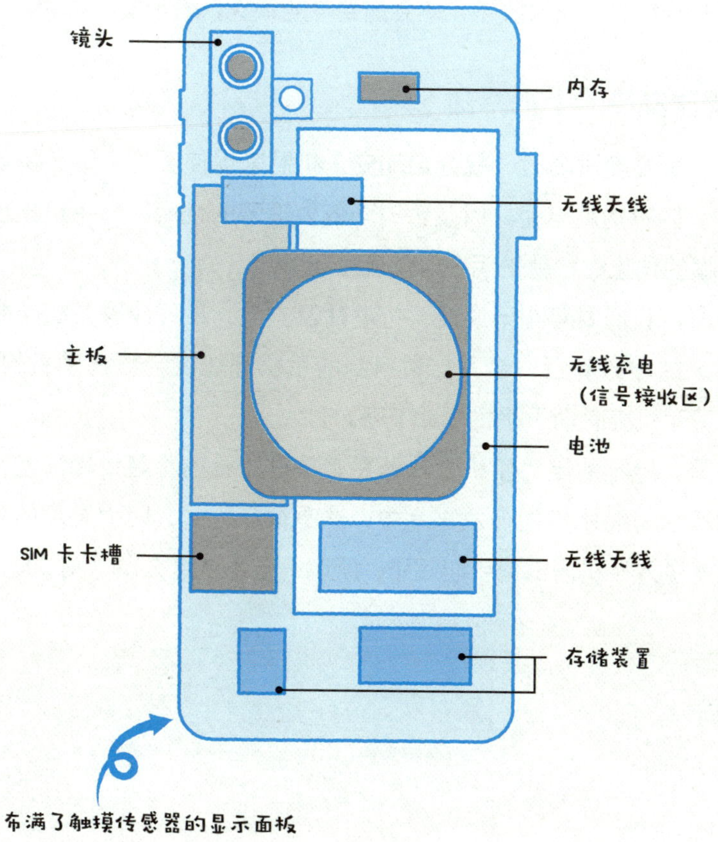

散，并传导至机身外（空气中）（图 2）。

除主板以外，存储器、无线天线、显示屏等也会发热，但更值得注意的是电池的发热。相比放电（使用）时，可充电锂电池在充电时的温度上升会更为明显。电池作为机体内最大（面积大）的部件，它一旦发热，不但会影响主板的散热，还会伤到电池本身，缩短使用寿命。

◎ 怎样让发热的手机冷却下来？

当手机温度过高时，就会启动安全机制来促使温度下降。例如，减少 CPU、内存的耗电量，以及暂时降低处理器的性能。当手机出现反应慢、卡顿的现象时，就说明手机温度过高。

这时，我们要停止玩游戏、打电话及充电。最好能够关机，并将其放在通风的地方静置一会儿。塑料制的手机壳往往会影响手机的散热，所以去掉手机壳有助于手机冷却下来。

但是，绝不能因为手机过热而将其放进冰箱的冷藏或冷冻室，更不能因为手机有防水性能而放进水中，这是很危险的。因为温度的变化有可能使水进入手机内部而引起短路，所以一定不要这么做（图 3）。

图 2　智能手机的散热方式

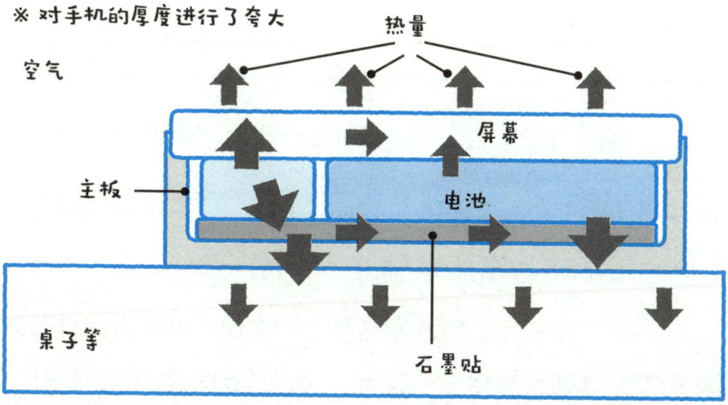

由于不能使用风扇或散热片，所以热量会通过整个手机散至空气中或传导给桌子。

图 3　如何为发热的手机降温？

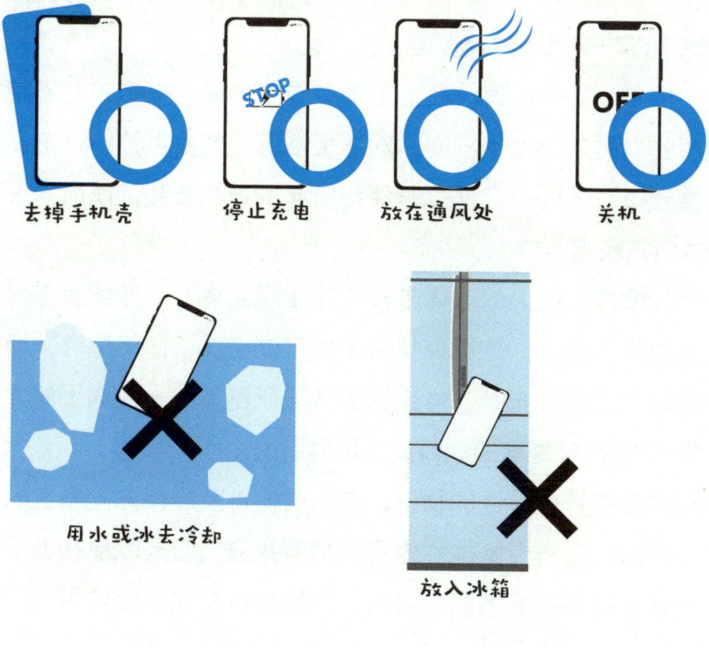

Q–38 变化球为何会拐弯?

很多人都喜欢看棒球比赛。在职业棒球比赛中，有时投手会利用变化球击败击球手。那么，为什么变化球会拐弯呢?

变化球利用旋转与摩擦来制造不平衡

变化球不仅存在于虚拟的动漫场景中，在现实世界中同样可以见到。有些精彩的变化球甚至被称为“魔球”。而变化球是投手在投球时使球发生了旋转，从而改变了球的前进轨道。

那么，使球发生旋转究竟会有什么样的效果呢?图 1 中，球的前进方向是由右至左，而从侧面观察球时可以看出，球发生了顺时针的旋转。

在空中移动的球，其表面会与空气产生摩擦。而摩擦力的大小，则会根据球表面与空气间的速度差发生变化。

图 1 中发生旋转的球，其上下两侧与空气间的速度差并不相同，因此两侧所受到的摩擦力也不同。球体上侧所受摩擦力较小，下侧摩擦力较大。当摩擦力达到一定程度时便会引起气流的紊乱，使原本沿球体表面流动的气流脱离球体。

当所受摩擦力较大的球体下侧气流出现剥离时，球体上下的气流便出现了非对称的情况。这也使得后面的气流出现了向下偏移。而气流整体向下偏移，也就意味着球体会受到气流所施加的一个向上的力（作用力与反作用力），于是球的运行会出现向上的偏移（图 2）。

像这样在旋转中前进的物体，在与其前进及旋转方向垂直的方向都会产生一个力，这一现象被称为马格努斯效应。它是以最初发现此现象的德国科学家的名字命名的。当时，马格努斯发现在旋转中飞行的炮弹

图1 球体与气流

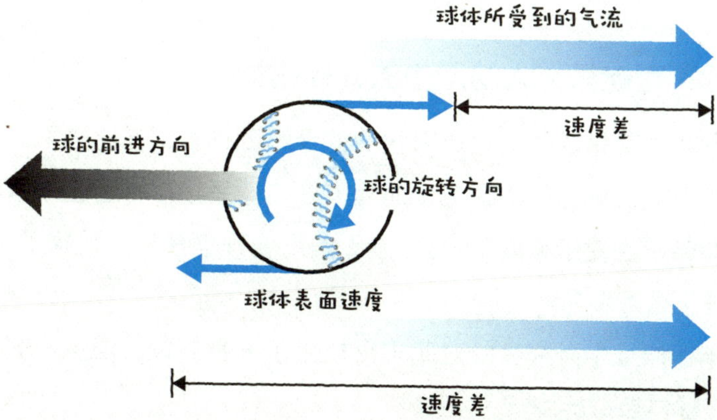

图2 球体的旋转与周围气流的关系

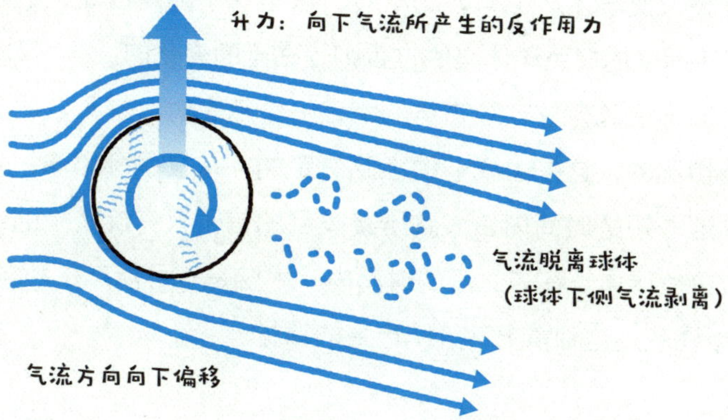

会脱离原本的运行轨道而发生偏转，就这种现象进行了深入的研究，并发现了马格努斯效应。

◎"魔球"可能只是大脑产生的一种错觉

关于产生变化球的物理原因我们就介绍到这里。在比赛中，常常会出现击球手被三振出局的情况，而且很多击球手事后都会说"球明明到了眼前却突然改变了方向"。这已是无法用物理学解释的现象了。那么，这究竟是怎么回事呢？

近年，神经学研究者针对此现象提出了一种假设。但这一假设的重点依旧在球体自身的旋转。

其实，要解决这个问题，需要先搞清楚我们的大脑是如何识别运动中的物体的。

棒球上有着整齐、漂亮的红色针脚。投手在投掷变化球时往往会利用这些针脚，使球体产生巧妙的旋转。从击球手的角度看，这些红色的针脚在旋转而来的白色球体上的位置则是在不断变化的。

当我们将注意力放在某物体的特定一个点上时，是无法同时注意到物体周围情况的。这是由我们的大脑决定的。从投手掷出球，到接球手接到球的这一短暂时间内，大脑所接收到的信号只有旋转中的红色针脚位置以及白色球体。在如此短的时间内，大脑是有可能产生视觉错误的。"魔球"也许就是这种情况下大脑产生的错觉。

图 3　红色针脚也许会令击球手产生错觉

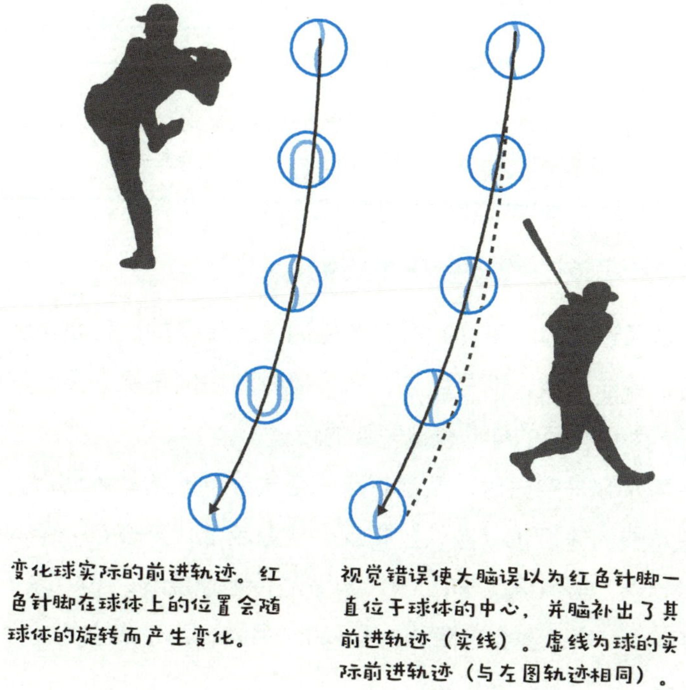

击球手在面对飞来的棒球时，可能将其分为了白色球体和红色针脚两部分。但大脑将这两部分结合在一起时，错误地将针脚位置当作在球体上固定位置不变，这就导致大脑错误地判断了来球的路线。

Q-39 为何声音在夜晚比白天传得更远？

你有没有觉得夜晚听到的声音范围要大于白天？这可不仅是因为白天杂音多，声音不容易被听到，而夜晚比较安静，所以听得更清晰。

声音在有温差的地方会产生折射

声音是通过物体（媒介）振动产生的波来传播的。但是声波与一般的波不同，并非横波，而是纵波，它传播时利用的是媒介自身的收缩与膨胀。图 1 为用弹簧的伸缩模拟声波的传播。

当传播媒介是空气时，气温越高，空气分子的活动越剧烈，相邻分子间传递声波的速度也就越快。相反，气温越低，声波在分子间的传递速度也就越慢。当气温为 24℃时，声波的传播速度约为 340 米 / 秒，气温每下降 1℃，声速便会下降 0.6 米 / 秒。另外，声音靠空气传播时，顺风的情况会比逆风更容易传播。

另外，空气的温度会因距地表高度不同而变化，这对声音的传播也会造成影响。由于空气间存在温差，因此在分界面处，不但声速会发生变化，还会产生声音的折射。这种现象与光在水、玻璃、空气等分界面会产生折射是同样的道理。当下侧空气温度低、上侧空气温度高时，声音的传播就会出现图 2 中的偏折。

声音在白天的传播方式

在晴朗的白天，地表温度会在阳光的照射下升高，但空气的温度会随着高度的升高而降低。这就造成了距地表较近的声音传播速度要快于高空的声音传播速度。另外，空气间的温差还会使声音向温度较低的上

图 1　声音的传播方式

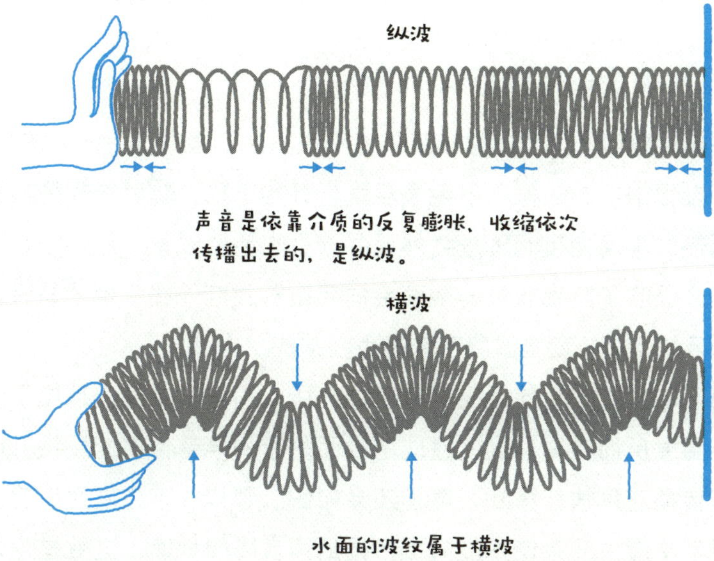

图 2　声音的折射

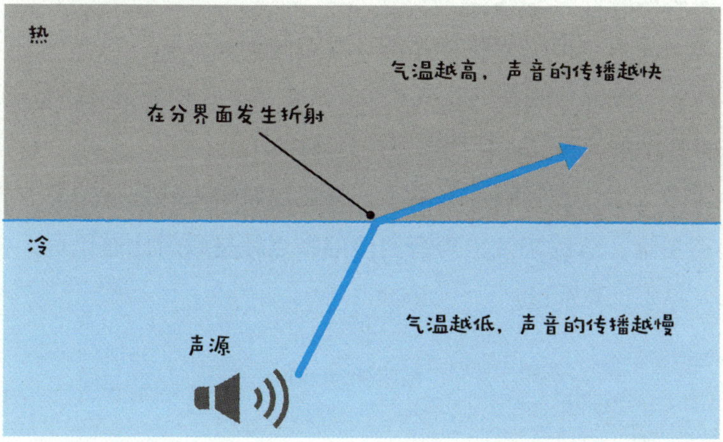

方发生偏折（图 3）。该偏折角度起初比较平缓，但渐渐会变得越来越大，最终使声音消失在高空中。因此，白天的声音难以传播得很远。

声音在夜晚的传播方式

在晴朗的日子里，气温在下午 2 点左右达到最高值，而后缓缓下降。夜晚，在辐射冷却的作用下地表温度也开始下降。辐射冷却是指白天被阳光晒热的地面在夜间释放红外线并损失热量的现象。红外线是一种不可见光，吸收了阳光热量的地面会向宇宙释放红外线。也就是说，越是万里无云的晴天，夜里温度下降得也就越快。

由于辐射冷却会使地面温度下降，所以与白天相反，越位于高空的空气，温度反而越高。这就造成了地面附近的声音传播速度慢，而高空的声音传播速度快。另外，声音还会如图 3 那样向下方发生偏折。偏折角度虽然平缓，却会使本应向上传播的声音降回地面。这就是为什么我们能够听到从大山另一侧传来的声音，以及为什么有时在离声源有些距离的位置反而能听得更清楚。

当天空中有云时，被释放出的红外线会被云吸收，因此较难出现辐射冷却现象，地面与高空的温度差也不会很大。所以声音在多云的夜间，并不会像在晴朗的夜晚一样传播得那么远。

从季节上看，声音在空气清冷、易出现辐射冷却现象的冬季，比在夏季传得更远。总的来说，声音的传播特点就是顺风比逆风远、夜晚比白天远、冬季比夏季远。

图 3　昼夜声音传播方式的不同

Q—40 以水烧菜的烹饪工具的原理是什么?

在我们着手准备一顿丰富的晚餐时，一台水烤箱会给我们带来极大的方便。水烤箱，就是一种以水烧菜的烹饪工具（最初的产品为夏普生产的水波炉[①]）。这类烹饪工具是利用300℃以上的过热水蒸气来对食物进行加热的。

过热水蒸气是什么样的水蒸气?

在我们日常生活的温度范围内，水会呈现出固态、液态、气态这三种不同形态。

水在一个标准大气压下的熔点（凝固点）为 0℃，沸点为 100℃。也就是说，冰被加热至 0℃时会融化为水，加热至 100℃时会沸腾并蒸发为水蒸气。但是，水在 0℃、30℃或是 90℃等情况下，水面依然会有水蒸气的存在（同时也有水蒸气凝结为水）。

刚刚从沸腾的水中蒸发出的水蒸气温度为 100℃，若对其继续加热，则可获得温度更高的水蒸气，甚至可以达到超过 200℃、300℃的高温。这些高温的水蒸气被称为过热水蒸气。

过热水蒸气不但温度高，而且干燥。它不但不会使物体受潮，反而会使物体烧焦。因此过热水蒸气是可以点燃火柴的。

我们在生活中一般很难遇到温度高于 100℃的水蒸气，所以对水蒸气的认知都停留在“会把物品打湿”“温度只有 100℃”这一层面。

但其实中学课程会介绍高温水蒸气。另外，在火力发电站及核发电站中，都有对高温高压水蒸气的实际应用。

发电站正是利用高温高压的水蒸气推动蒸汽轮机的转动，从而带动

① 水波炉是同时带有烤箱、蒸箱、微波炉功能三合一的产品。

图 1　水的状态变化

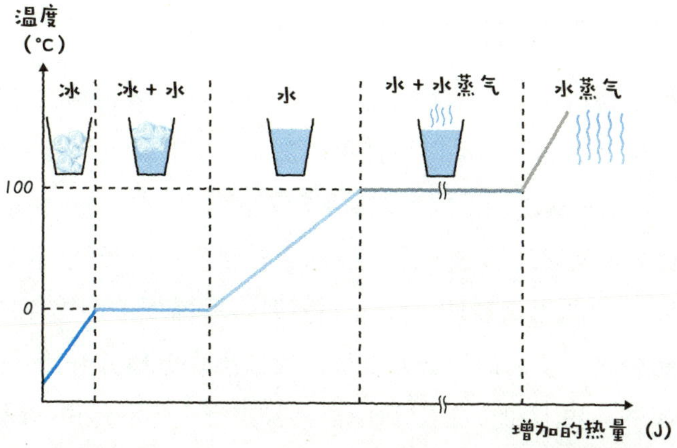

图 2　用过热水蒸气点燃火柴

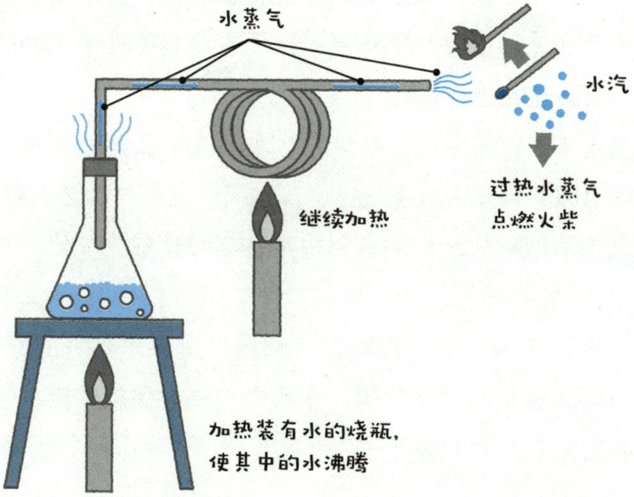

发电机组发电的。

◎利用过热水蒸气加工食物的水烤箱

水烤箱是利用300℃以上的过热水蒸气来加热食物的。这种烹饪方式原本是一种企业加工食品时所使用的加工工艺，现在随着水烤箱的体积越来越小，在家庭中的使用也逐渐普及起来。

为了让大家对300℃这一温度有形象的理解，这里我们以炸天妇罗所使用的油为例向大家说明。炸天妇罗时，所需的油温为200℃左右。当持续对油加热，使其达到250℃时，油会出现分解并开始冒烟。当温度达到360℃～380℃时，油达到燃点并被点燃。也就是说，超过300℃的过热水蒸气温度要高于炸天妇罗时的油温，甚至已接近油的燃点。

过热水蒸气在加热食物时，会因冷却而转化为液态，在食物表面凝结成水滴。但当食物温度超过100℃时，无论再怎样利用过热水蒸气对其加热，在表面也不会出现水滴，并且食物本身所含的水分也会随着温度的升高而丢失。所以过热水蒸气不但不会令食物处于湿润的状态，反而能达到表面酥脆的烤制效果。

正常情况下，空气中的含氧量为21%左右。而水烤箱在加工食物时利用水蒸气可以将烤箱内的空气排出，从而使烤箱内的含氧量大幅减少。这种低氧状态可以有效地抑制食物中某些易氧化成分氧化，如维生素的氧化。

最初出现在市场上的水烤箱，只利用了过热水蒸气的原理。随后，又出现了过热水蒸气与微波并用，水蒸气与传统烤箱并用，水蒸气与微波、烤箱并用等多种加工组合方式的产品。

图3 水烤箱的工作原理

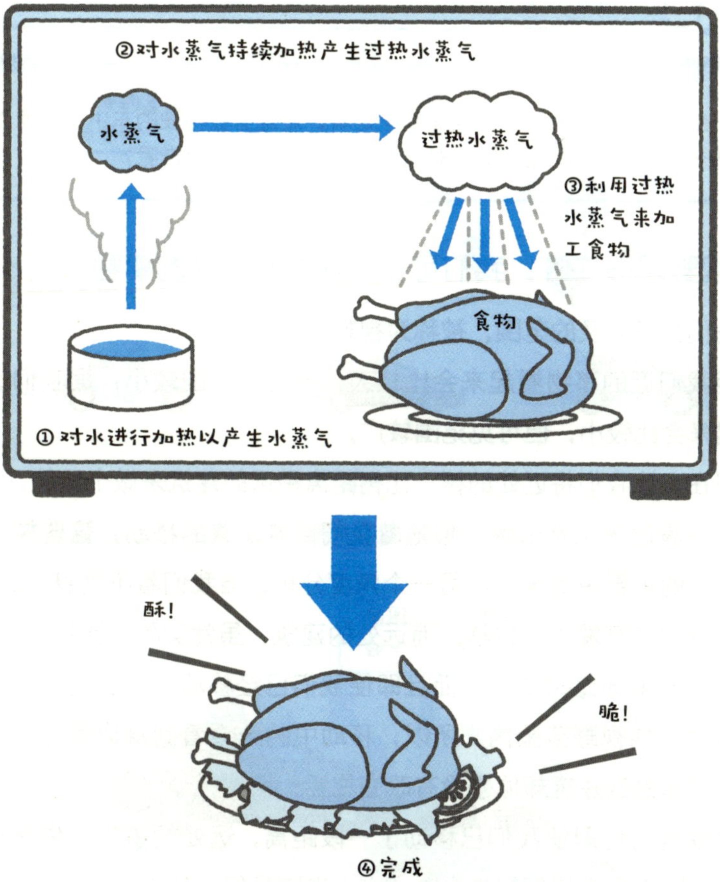
②对水蒸气持续加热产生过热水蒸气
水蒸气
过热水蒸气
③利用过热水蒸气来加工食物
食物
①对水进行加热以产生水蒸气
酥!
脆!
④完成

Q—42 没有光源却可长时间持续发光的时钟表盘的原理是什么？

有些机械表的指针和表盘，即便是在黑暗的房间中也能发出光亮。为什么它们可以长时间在没有光源的地方发光呢？本节就让我们来分析一下。

最近，在剧院、水族馆等场所，经常会看到在黑暗中能够自己发光的安全出口引导标志。这些标志很薄，也不需要电源，可以贴在任何需要的地方。这些标志的发光原理与机械表的表盘（图 1）相同，都是利用了先将光能储存起来再慢慢释放的蓄光现象。荧光涂料等可以长时间持续发出荧光的现象就属于蓄光。

荧光涂料为何会发光？

首先，我们来了解一下荧光的发光原理。荧光笔的颜料会在紫外线等高能量光线的照射下发出黄绿色或橙色等十分显眼的光（图 2）。颜料中的荧光物质会因吸收了光线中的能量变为激发态（活跃状态），而从激发态恢复至基态（原始状态）时，两种状态间的能量差大部分会以光的形式被释放出来（图 3），这就是荧光的发光原理。但荧光颜料只有在有光线照射的时候才会发光。在没有光源的地方也能短时间持续发光的，则是属于蓄光物质的夜光涂料。

安全的蓄光型夜光涂料的开发之路

荧光物质虽然在光的照射下会变为激发态（活跃状态），但立刻就会恢复至基态（原始状态）。在 20 世纪初，美国研究人员利用能够持续释放能量的放射性物质镭制作出了可以长时间发出荧光的夜光涂料。但由

图 1　夜光涂料的应用之一

时钟的表盘

图 2　荧光颜料

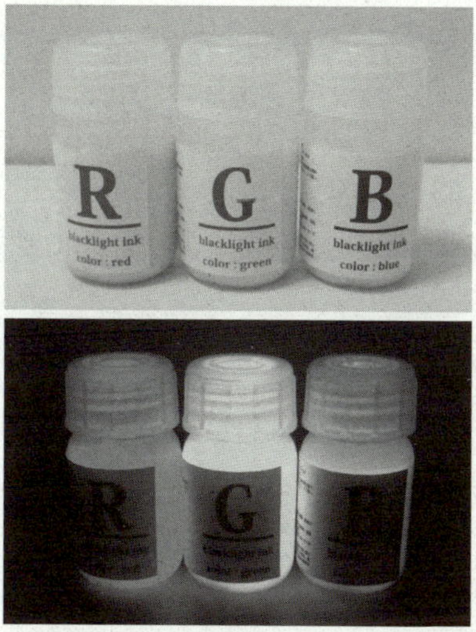

在紫外线的照射下会发光的夜光颜料（在可见光下不可见）。

供图：株式会社 SO-KEN

于人们当时对辐射的危险性还知之甚少，导致很多从事此项工作的员工患上了癌症。而钟表的使用者之所以没有因此受到伤害，是因为表盘的玻璃遮挡住了镭的辐射。

在接受了这个教训后，日本研究人员开发出了以辐射更小的钷为原材料的夜光涂料，并于 1962 年投入量产。

与此同时，由于硫化锌没有辐射，且具有在光照后能够持续发出荧光的特点，因此也被用来制作夜光涂料。在 20 世纪 70 年代，人们为了进一步提高这种涂料的发光时长，在硫化锌中加入了铜，制成长效硫化锌蓄光颜料（GSS）。但即便如此，这类颜料的发光时间依然很短，且耐光性较弱。

1993 年，一种名为 N 夜光的蓄光型涂料被研发出来，并在全世界得到广泛推广。这种涂料是在铝酸锶中添加了稀土元素铕和镝，无论是亮度，还是发光时长，都是 GSS 的 10 倍。

◎ 蓄光型夜光涂料为何可以长时间发光？

夜光涂料之所以能够长时间发光，是因为它在很长时间内都保持高能量状态。夜光材料的发光原理如图 4 所示。这些荧光物质在紫外线等光线的照射下变为激发态（活跃状态），随即发生荧光俘获效应。也就是说，处于激发态的荧光物质释放出光子并恢复至基态（原始状态），但所释放出的光子又会被自身吸收并再次跃迁至激发态。这一现象的发生与涂料中铕和镝的加入有着不可分割的关系。

夜光涂料的颜色大多为绿色系。近些年，由于蓝绿色系的光线较弱，且发光时间较短，橙色系的夜光涂料开始进入我们的生活。

图 3　荧光的发光原理

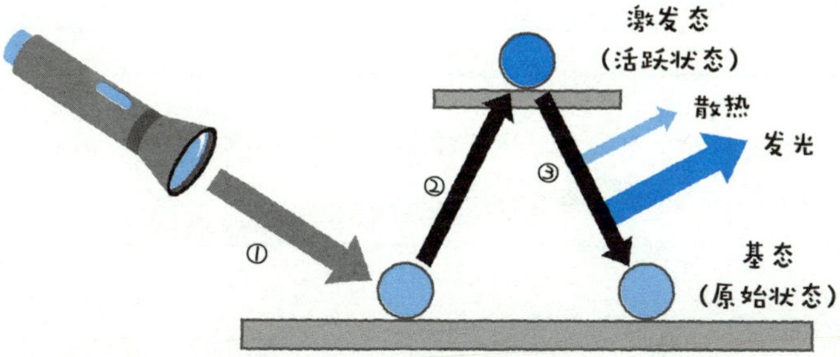

①荧光物质受到紫外线的照射，吸收能量。

②荧光物质变为活跃状态（激发态）。

③恢复至原始状态（基态）时，以发光及散热的方式释放出能量。

图 4　蓄光型荧光物质（长效性荧光物质）的发光原理

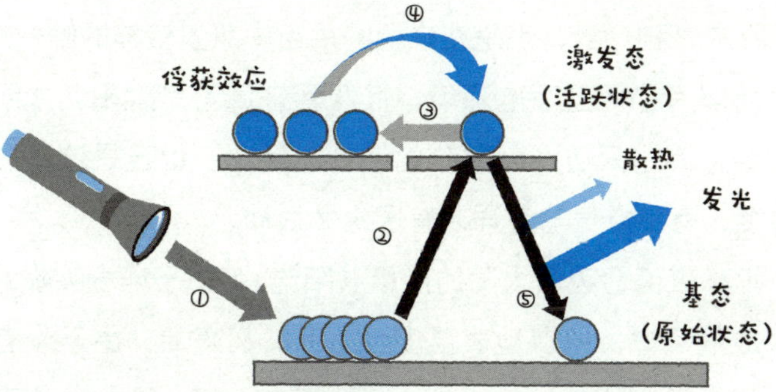

①荧光物质从紫外线中获得能量。

②荧光物质变为活跃状态（激发态）。

③处于活跃状态的物质发生俘获效应。

④发生俘获效应的物质逐渐向阶段⑤转变。

⑤物质发光并恢复至基态。

* 在④中，稀土元素镝使俘获效应的反应时间处于最理想状态。

Q-43 为何晴朗的夜晚会伴随着寒冷的黎明？

在晴朗的夜晚，直到太阳升起前温度都是在持续下降的。因此，黎明时的温度会达到一天最低。这是为什么呢？

地球会吸收太阳释放的能量

冬天，我们经常听到天气预报播报“明天天气晴，清晨温度较低，请注意防寒”。明明是个晴朗的夜晚，为何温度却会下降呢？

地面释放热量而导致地表温度降低，这一现象被称为辐射冷却。

物体以电磁波的形式释放出能量的过程被称为辐射。自然界中所有处于绝对零度以上的物质，都在不停地以辐射的方式向外释放热量。辐射是热量转移的一种形式，也是在广阔的宇宙中热量转移的唯一方式。

地球之所以有如此温暖的环境，其能量来源就是太阳。太阳的能量会辐射至宇宙，其中只有一小部分能够到达地球。也正是这部分能量让地球有了温度，有了空气与海洋，有了生命活动。

白天，地球表面会吸收太阳的能量（阳光）。由于地表吸收的热量大于自身所释放的热量，所以地表温度会上升。日落后，由于没有阳光的照射，地表不再吸收热量，但热量的释放仍在继续。因此，地表温度也随之降低。

晴朗无云的夜晚，地球会向宇宙辐射能量

在夜里，为何晴朗无云时气温的下降幅度要大于多云时呢？我们可以从辐射的角度来分析这一问题。当天空中没有云时，地表通过辐射的方式向宇宙释放热量，且不会以任何方式吸收热量。但当天空中有云时，

图 1　地球的母亲——太阳

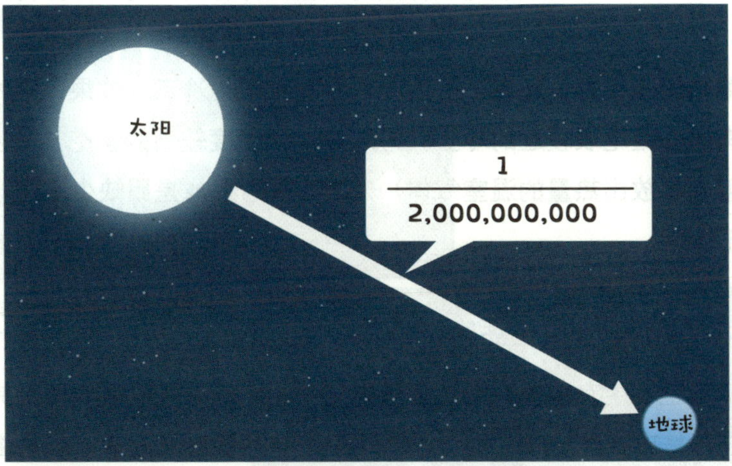

太阳释放的能量中，约有 20 亿分之一会到达地球。

图 2　到达地球的太阳能都去哪儿了？

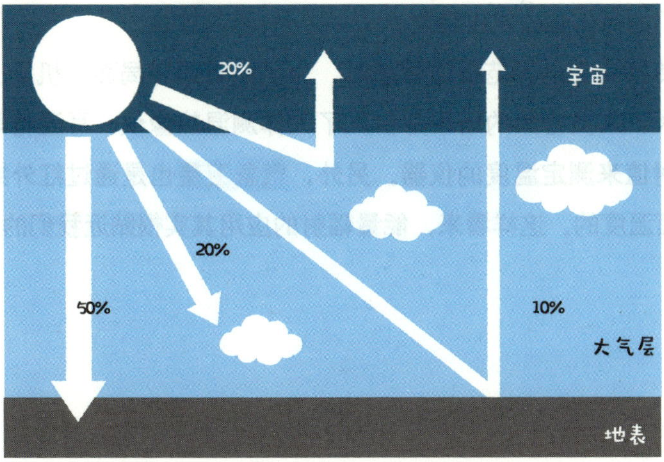

到达地球的太阳能中约有 30% 被大气层及地表反射回宇宙，约 20% 被大气层中的云、温室效应气体等吸收，余下约 50% 被地表吸收。

谣言 3

“以毒攻毒”的顺势疗法

在欧美一些国家，顺势疗法非常流行。在日本，一些助产医院也在使用顺势疗法，但也因此引发了许多问题。

顺势疗法是德国医生哈内曼于 18 世纪创立。他利用能够令人体出现某种症状的物质来治疗该症状，方法就是将这一物质以水稀释到几乎不可测的程度，再与砂糖混合制成细小的药丸。

这一疗法的治疗原理就是以毒攻毒，利用能够致病的成分来治病，也被称为同类疗法。

在制作药剂时，顺势疗法推荐的药剂制法，是将主要成分稀释至原本的 10^{60}。从理论上讲，这时的药剂中连该成分的一个分子都已不存在。但即便没有分子，分子所带有的信息及振荡却留在了水中，而这些会随着药剂的稀释不断增强。实际上，这类药剂只不过是水与糖的混合物，所以可以肯定的是，它们并不会产生什么副作用。

但是，因选择顺势疗法而放弃常规医疗的行为却有可能是致命的。在日本，曾发生过多起顺势疗法所导致的死亡。最有名的要数 2009 年山口市的“K_2 糖浆事件”。当时，日本顺势疗法医学协会的一名助产士，将一名出生 2 个月的女婴的维生素 K_2 替换为顺势疗法药剂，导致该婴儿因“维生素 K 缺乏症”出现颅内出血并死亡。虽然顺势疗法在欧美极具人气，流行病学家们也一直在对其进行研究，但尚未发现该疗法确实有效的证据。

第 4 章

未完，继续！身边的科学

Q—44 为何锂电池近年来备受关注?

手机、电脑、平板……这些体积虽小却耗电量不少的电子产品所使用的电池，就是锂离子电池。这类电池最主要的特征就是轻巧便携、容量大、输出功率高。

电池中释放电子的物质与接收电子的物质

电池大致可分为两大类，化学电池与物理电池（太阳能电池、光电池等）。我们日常生活中常涉及的往往是化学电池。它是将化学反应产生的能量转换为电能的一种装置。

化学电池一般也可分为两种：一种是电量耗尽后就只能丢弃的一次性电池，另一种是可以反复充电使用的充电电池。一次性电池包含锌锰电池、碱性干电池、碱性纽扣电池等。而充电电池则包含镍镉电池、镍氢蓄电池、锂离子蓄电池、铅蓄电池、碱性蓄电池等。

在电池的负极有一种会不断产生电子的物质，而与之相对，正极有着可以吸引电子的物质。因此在电池电量耗尽之前，会不断地有电子从负极移动至正极。

例如，锌锰电池及碱性电池的负极为金属锌，正极则是一根碳棒。虽然碳并不会与接收到的电子发生化学反应，但是却扮演着集流体的重要角色。在这里，若我们将电池中发挥作用的部分称作正、负极，可能并不利于我们接下来的理解，所以我们将电池中真正的主角称为负极活性材料及正极活性材料。

对于锌锰电池及碱性干电池来说，负极就是负极活性材料，也就是锌。金属锌（Zn）在发生化学反应后生成锌离子 Zn^{2+} 并释放出电子。锌很容易生成锌离子，也就是说，它是一种容易发生离子化的金属。

表 1　电池分类

电池名称		电池的组成			电动势（V）
		负极活性材料	电解质	正极活性材料	
一次性电池	锌锰电池	锌	氯化锌 氯化铵	二氧化锰	1.5
	碱性干电池		氢氧化钾		1.5
	锂电池	锂	含锂氯化物的有机溶剂	二氧化锰等	3
充电电池	铅蓄电池	铅	硫酸	氧化铅	2
	镍氢蓄电池	储氢合金	氢氧化钾	氢氧化镍	1.2
	锂离子蓄电池	碳与锂的混合物	含锂氯化物的有机溶剂	锂钴氧化物等	3.7

图 1　锌锰电池的原理

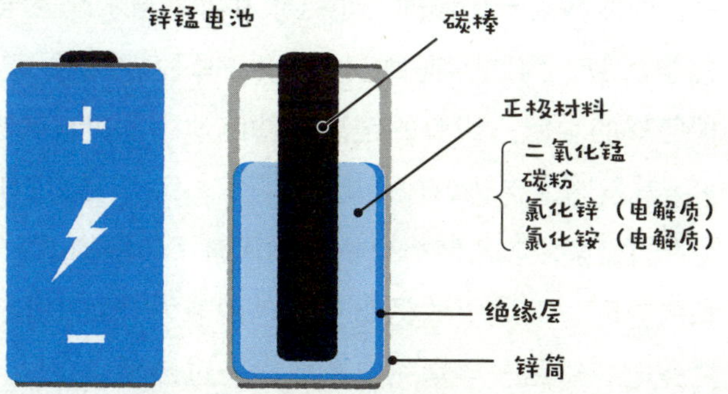

当电路接通后，负极活性材料锌在生成锌离子时释放出的电子会从电池负极移动至正极。正极活性材料的二氧化锰在得到电子后发生反应，生成氢氧化氧锰。

另外，无论是锌锰电池还是碱性干电池，它们的正极活性材料所使用的均为二氧化锰。

◎ 性能高、制作难度大的锂离子蓄电池

锂离子蓄电池之所以有着高性能，是由于锂是一种具有极高离子化倾向的物质。换句话说，锂是一种很容易释放出电子的物质。

单质锂是一种银白色的金属。其密度也是所有金属中最小的（0.53克 / 立方厘米），只有水的一半多。

锂的上述两种特质，使得其应用在电池中后，大幅提高了电池的能量密度（单位质量或体积所包含的能量）。轻薄且高功率的电池由此诞生。

然而，金属锂的高离子化倾向，也导致其容易与水或空气（氧元素）结合而发生化学反应。为此，锂离子蓄电池的研发过程并非一帆风顺，而是充满各种各样的难题。如今的锂离子蓄电池中，负极的锂被夹在两层石墨层中间。其发明人吉野彰也因此而荣获 2019 年诺贝尔化学奖。另外，该种电池中的电解液以乙烯类有机溶剂代替了传统的水。

在充电和放电时，电池中的锂离子以电解液为介质在正、负两极间移动。当发生充电、短路、异常充电和放电、过热等情况时，可能会引起电池的燃烧甚至爆炸。因此，电池中设有高度保护机制以防止此类危险的发生。

表 2　离子化倾向

<table>
<tr><th>离子化物质</th><th>与水的反应</th><th>与酸的反应</th><th>与空气的反应</th></tr>
<tr><td>锂Li</td><td rowspan="4">与冷水反应</td><td rowspan="12">与稀酸反应生成H_2</td><td rowspan="4">内部也会迅速发生氧化反应</td></tr>
<tr><td>钾K</td></tr>
<tr><td>钙Ca</td></tr>
<tr><td>钠Na</td></tr>
<tr><td>镁Mg</td><td>与沸水反应</td><td rowspan="8">常温下表面会逐渐发生氧化反应</td></tr>
<tr><td>铝Al</td><td rowspan="3">与高温的水蒸气反应</td></tr>
<tr><td>锌Zn</td></tr>
<tr><td>铁Fe</td></tr>
<tr><td>镍Ni</td><td rowspan="9">不反应</td></tr>
<tr><td>锡Sn</td></tr>
<tr><td>铅Pb</td></tr>
<tr><td>氢H_2</td></tr>
<tr><td>铜Cu</td><td rowspan="3">可溶于有氧化性的酸中</td><td rowspan="5">不发生氧化反应</td></tr>
<tr><td>水银Hg</td></tr>
<tr><td>银Ag</td></tr>
<tr><td>白金Pt</td><td rowspan="2">可溶于王水</td></tr>
<tr><td>金Au</td></tr>
</table>

图 2　锂离子蓄电池原理示意图

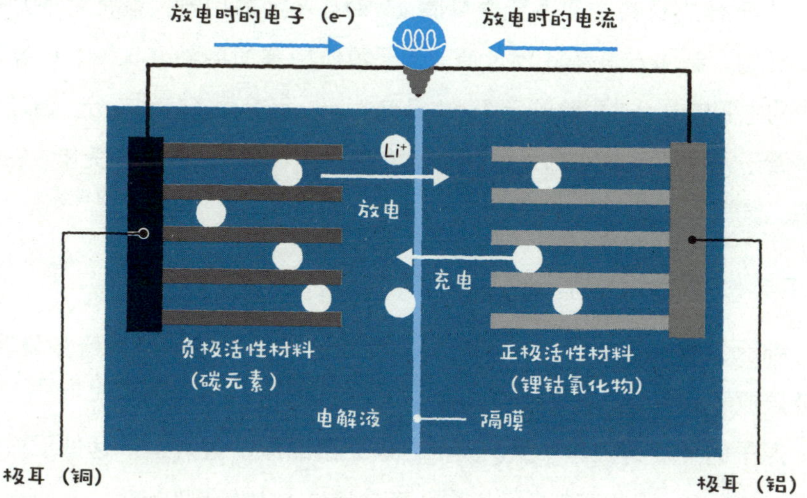

Q-45 高强度的碳纤维中究竟藏着什么秘密？

碳纤维，就是由碳元素组成的纤维，是将丙烯腈在高温无氧条件下碳化而成。从体育用品到航空航天器材，碳纤维被广泛应用在许许多多的地方。那么，碳纤维究竟是种什么样的纤维呢？

轻巧、结实的碳纤维

碳纤维，顾名思义，就是由碳元素组成的纤维。毛衣、毛毯的纤维中虽然也含有碳元素，但它们并不属于碳纤维。碳纤维的组成成分绝大部分都为碳元素（日本工业标准要求含量为 90% 以上），其特征就是重量轻且强度高。碳纤维多与树脂等材料混合使用，用来制造航天飞机、人造卫星，以及我们生活中常见的鱼竿、球拍、高级自行车等。除碳纤维外，还有一种由碳元素构成的尖端材料，那就是碳纳米管。但它与碳纤维无论是构造还是制法都完全不同，因此并不能被称为碳纤维。

碳纤维的材料主要有聚丙烯腈（PAN）及沥青两种。最常用的则是 PAN 纤维。制作方法是将 PAN 原丝置于氮气中并加热至 1000℃。PAN 是腈纶的主要成分，其中除碳元素外，还含有氢、氮等很多其他成分。通过将 PAN 置于无氧环境中加热，使其中所含的氢、氮等成分发生化学变化，生成氢气、氮气并挥发，最终只留下碳元素。

不会发生金属疲劳也不会生锈的碳纤维

那么，碳纤维为什么会又轻又强呢？这是因为碳原子自身重量轻，而且碳原子之间的排列非常有规律。

原子的重量是由原子量决定的。碳元素的原子量为 12，远低于铁的 56 及铝的 27。因此在制成纤维后，其重量也大大低于铁与铝。

图 1　碳纤维的广泛用途

人造卫星　©JAXA

飞机

- 跑车
- 船舶
- X 光机
- 轮椅
- 公路自行车
- 钓鱼竿
- 球拍
- 风车
- 各类生产机器

图 2　碳纤维的横断面

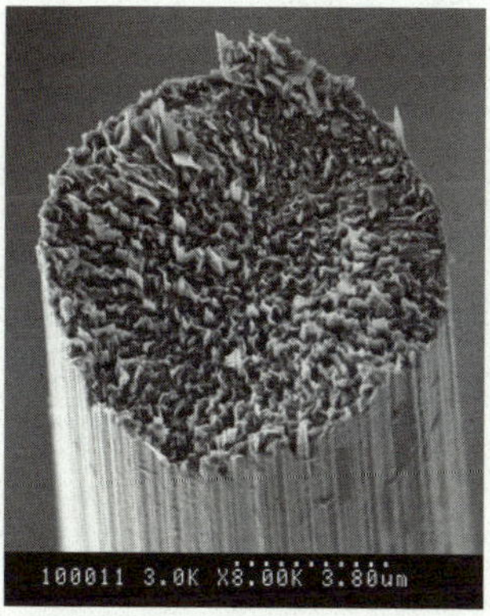

照片为扩大 8000 倍后的成像。

供图：三菱化学株式会社

碳纤维的强度取决于碳元素的排列方式。在碳纤维中，碳元素以共价键的方式结合在一起，这种结合方式使它的强度大于普通金属。另外，碳纤维中除碳元素外几乎不含其他元素，因此碳元素之间能够整齐地排列，这更增加了碳纤维的强度。

一般情况下，元素间的结合越紧密，其导热性能就越好。而碳元素本身就是导体，因此有些场合在不适合使用重量较高的金属时，会用碳元素来替代。

另外，碳纤维不会像金属一样发生金属疲劳或生锈，因此它作为一种性能优于金属的材质被广泛应用在尖端技术领域。

也许有人担心碳纤维易燃，但由于碳元素的分子排列十分规则，所以氧元素很难渗透其中，碳纤维并不会像木炭一样易燃。另外，碳纤维还具有 X 射线穿过率高、耐酸、耐磨损等特点。

◎ 碳纤维的缺点

碳纤维虽好，却也不是完美的。

首先，它的价格昂贵。由于碳纤维的制作过程需要在无氧条件下对原料进行反复加热，因此制作成本很难降低。

其次，由于碳元素强度高，所以加工起来也很困难。尤其是在回收利用方面更是一大难点。

话虽如此，碳纤维的制造工艺起源于日本。现在，日本制碳纤维的市场占有率也位居世界前列。

图 3　碳原子结构图与共价键

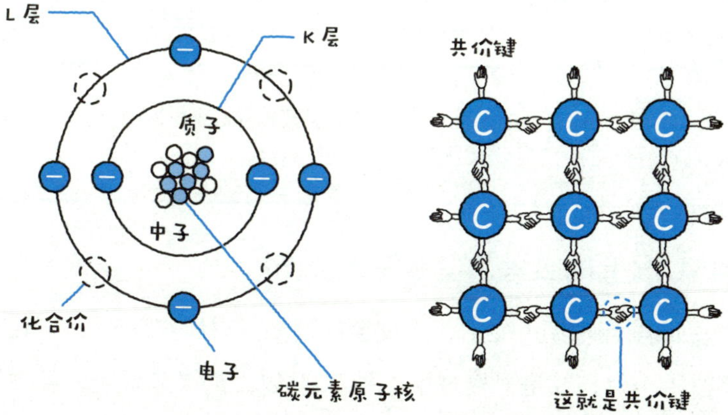

图 4　利用 PAN 纤维制作碳纤维的过程

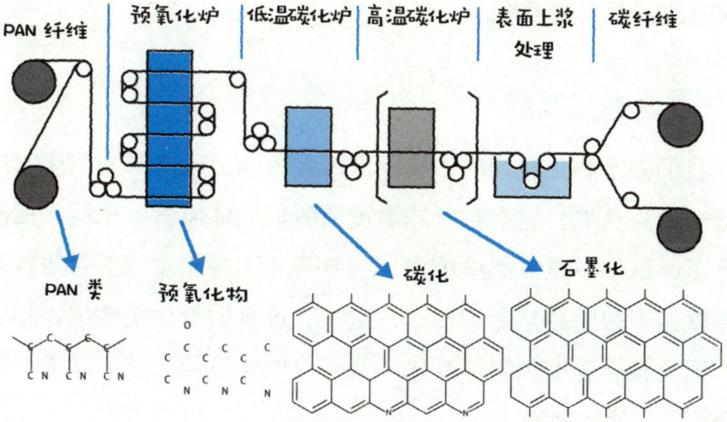

参考：以 JETI，47.No.13（1999）为参考绘制

Q-46 温度能达到 90℃的桑拿房为何不会把人烫伤？

45℃以上的热水会把人烫伤，因此不能直接用来泡澡。然而人们却可以进入 90℃的桑拿房。为什么 90℃的桑拿房不会把人烫伤呢？

用 45℃以上的热水泡澡会把人烫伤

泡澡时若水温超过 45℃，人就会被烫伤。有研究表明，在 45℃的环境中停留 1 小时，或是只接触了 1 秒 70℃以上的高温环境，都会使我们的皮肤组织受到损伤。这是由于 45℃或 70℃的水，其导热的能力是空气的 30 倍。另外，热水所含的热量也要多于空气。因此，在同等温度下，水的导热量及导热率都要高于空气。这就导致接触热水的皮肤表面温度会迅速升高，并形成烫伤。

皮肤表面的空气层

当我们处于静止状态时，皮肤表面会覆盖上一层薄薄的空气层，就像穿着一件空气衣。这层空气的温度与我们的体温大致相同。在没有风的情况下，这件空气衣的厚度为 4 ～ 8 毫米。由于空气的导热性差，薄薄一层就能有效阻碍热量的传递，空气衣这样的厚度更能阻止相当一部分的热量交换。但有风时，身体一些部位的空气层会被风吹薄，因此能够感受到风带来的凉意。

当人慢慢走进 90℃的桑拿房时，皮肤表面就会被这层空气衣覆盖。若保持一段时间没有大幅度的动作，这层空气衣就会和桑拿房中 90℃的空气融为一体。由于空气的导热性比液体的导热性差，因此 90℃的空气想要使这层空气衣的温度升高，需要花费一段时间。有了这层空气衣的

图 1　人体表面覆盖的空气层

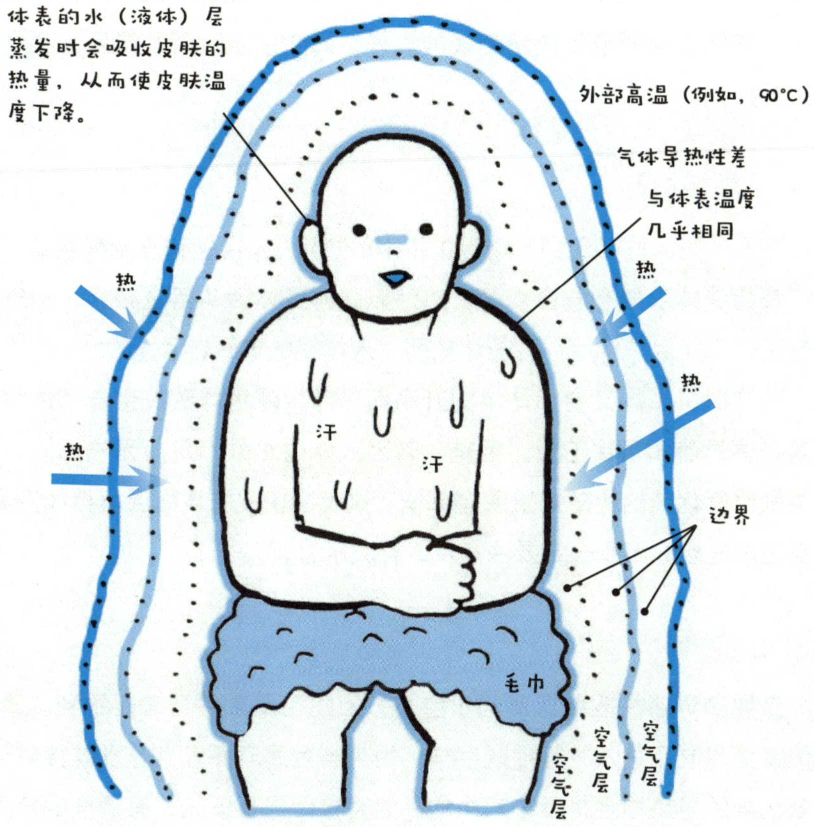

人体表面会被若干层空气层覆盖。

保护，皮肤表面的温度也就不会迅速升高了。

虽说皮肤表面温度上升得并不快，可毕竟也在上升。为了防止体表温度过高，皮肤还为自己设置了第二层屏障——一层薄薄的水（液体）。当皮肤上的这层水受热蒸发时，会吸收皮肤的热量（汽化热）而使得皮肤温度下降。在 90℃空气的加热及皮肤表面汽化热的冷却效果的双重作用下，皮肤表面形成了热量交换的平衡，因此皮肤表面的温度并不会轻易上升。

◎ 当平衡被打破

然而，当人体感受到扇动毛巾带来的热浪[①]，或是有意无意活动了身体，都会使体表的空气层变薄。热浪越强、身体活动得越频繁，空气层也就越薄，其保护作用也会随之减弱，人体就感觉到热了。

而这时，人体又会因体温的升高而排汗，汗水的蒸发带走了体表的热量，体温随即再次下降。但是，若因人体内水分不足而无法排汗，汗水蒸发时汽化热的冷却效果便会降低，这就会使皮肤表面温度持续升高，甚至造成危险。因此一定要注意及时补充水分。

◎ 小心金属

金属的导热性能要远远强于空气，因此在桑拿房经常能看到“请不要佩戴金属制品进入”等提醒字样。因为当金属表面直接与皮肤接触时，金属优异的导热性会将桑拿房中的高温直接传导至皮肤，有烫伤的危险。同样，桑拿房中固有的金属温度也相当高，一定不要随意碰触。

① 日本一些桑拿房会有专门的工作人员负责提高屋内的温度。他们会向高温的石头上泼水，然后再用挥动毛巾的方式让热气充满整个桑拿房。

图 2　金属导热性强

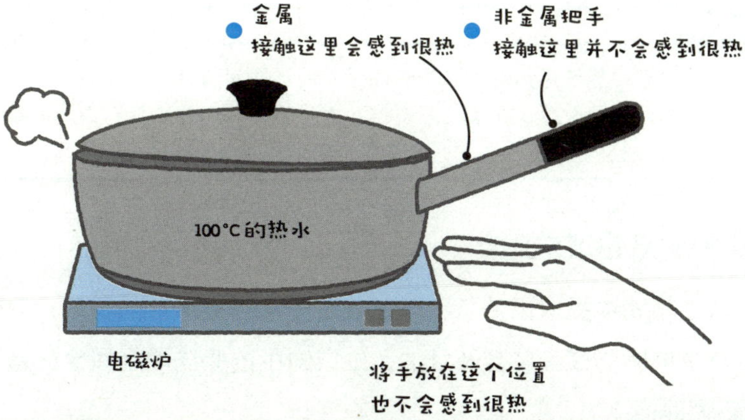

锅的金属部位虽然都很热，但锅周围的空气却并不会很热。

图 3　汽化热

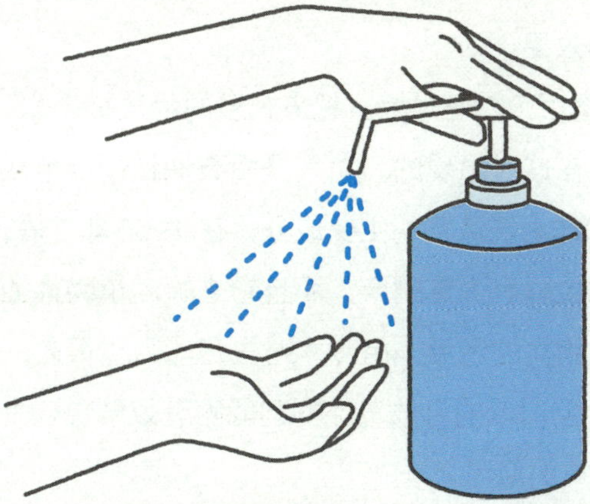

为了预防疾病，人们会在手上喷涂酒精。这一动作往往会让人们感到手上凉凉的。这是由于酒精在蒸发时带走了手上的热量。这种现象就叫作汽化热。

Q—47 肥皂与合成洗涤剂，哪种在自然界中更容易被分解呢？

肥皂和合成洗涤剂都可以去除油污，但这两者有什么不同呢？让我们联系历史背景，从化学的角度出发对这二者进行讲解，并思考它们分别会对环境造成什么样的影响。

从肥皂到合成洗涤剂

从动植物中提取出油脂并与碱（溶于水后呈碱性的物质）发生化学反应，生成脂肪酸金属盐及甘油。生成物中的脂肪酸金属盐就是我们日常所说的肥皂。

为什么肥皂可以去除油污呢？这是因为肥皂起到了表面活性剂的作用。表面活性剂是指分子结构中一端易溶于水（亲水基）而另一端易溶于油（憎水基）的物质。它能够将本不相溶的水与油结合在一起，从而达到清洗油污的效果。

进入 19 世纪后，除肥皂外，越来越多的物质被用来研制表面活性剂，合成洗涤剂就是在这时出现的。尤其是由石油精制、合成而来的烷基苯磺酸盐（ABS），它作为洗涤剂的主要成分，在 1960 年左右得到了急速推广。肥皂用到最后总会留有少量剩余，而且它去除动植物性油污能力强，但很难去除矿物性油脂类的污垢，用冷水时去污能力也很差。这些都是肥皂的不足之处，而包含 ABS 的合成洗涤剂则能够有效解决以上几个问题，这也是其得到迅速推广的原因之一。

不易被微生物分解的 ABS 所带来的社会问题

近年，随着 ABS 使用量的增加，由此引发的环境问题日益严重。1960 年左右，日本河道中出现了大量的泡沫且久久不会消散，成了当时

图 1 制作肥皂的化学方程式

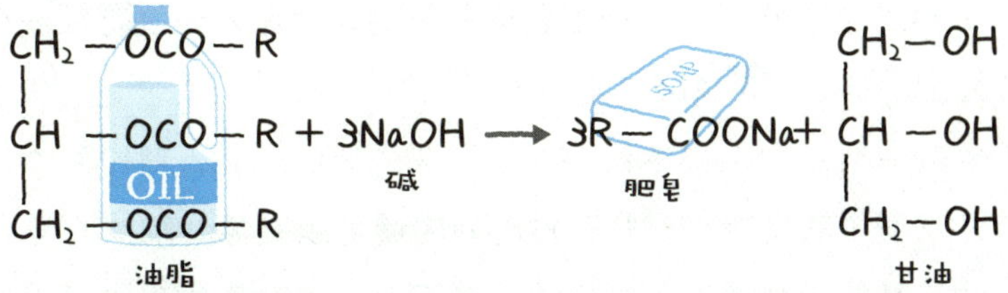

将油脂与碱混合制作肥皂的方法被称为皂化法。现在主流的制作方法是直接将脂肪酸与碱进行混合的中和法。

图 2 表面活性剂及其去污原理

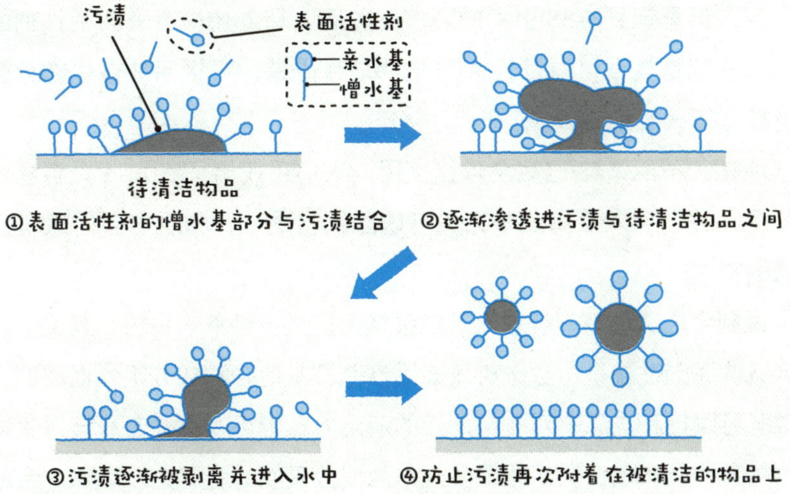

图 3 ABS 与 LAS 分子结构的不同

ABS：憎水基有多个分支，不易被微生物分解。

LAS：LAS 为直链结构，不存在分支，与肥皂的分子结构相似，易被分解。

一项严峻的社会问题。经过调查，人们发现这一现象是由于 ABS 很难被自然界的微生物分解造成的。

微生物是通过分解有机物来获取能量的，就像人通过吃饭获得能量一样。无论是肥皂还是 ABS，都属于有机物。

肥皂的原料是自然界中已存在了许久的天然油脂，对微生物来说就像是已经吃惯了的食物，因此在短时间内便可以完全分解掉。但 ABS 则是由石油与其他成分通过化学反应合成而来，对微生物来说是没有吃惯的食物，因此分解它需要消耗更多的时间。

如今的合成洗涤剂能够被轻松降解

当人们意识到 ABS 引发的环境问题后，马上加快了表面活性剂的研发，目的就是找到可以替代 ABS 的物质。于是，可轻易被微生物分解的直链烷基苯磺酸钠（LAS）取代了 ABS。

现在，不但 ABS 已完全停止使用，人们还找出了比 LAS 更容易分解的物质，并已投入使用。十二烷基硫酸钠就是一种和肥皂分解速率几乎相同的物质。

说到合成洗涤剂，有些人可能会认为这是一种单一物质。其实，现在的合成洗涤剂往往是由数十种表面活性剂及其他各种成分组合而成的。这样做既可以提高洗涤剂对各类污渍的清洁力，也可以提高自身被微生物分解的能力。虽然现在仍然有很多人认为成分天然的肥皂比较环保，合成洗涤剂对环境有害，但已不能这样一概而论了。

表 1　多种表面活性剂及其用途

类型	原料	用途
阴离子型	高级脂肪酸盐（肥皂）	洁面皂 洗衣皂 沐浴皂
	α-磺基脂肪酸甲酯(MES)	衣物洗涤剂
	直链烷基苯磺酸钠（LAS）	衣物洗涤剂 灶台清洁剂 家具清洁剂
	烷基硫酸盐（AS） 脂肪醇聚氧乙烯醚硫酸钠（AES） 单烷基磷酸酯（MAP）	衣物洗涤剂 沐浴露 洗发剂 牙膏
	烯基磺酸盐（AOS）	衣物洗涤剂 灶台清洁剂
	仲烷基硫酸盐（SAS）	液体洗涤剂
阳离子型	烷基三甲基铵盐 酯酰胺 次烷基次甲基铵盐 酰胺咪唑啉 烷基次甲基偶苯酰铵盐	护发素 柔顺剂 杀菌消毒剂 抗静电剂
两性离子型	铵氧化物（AO） 烷基甜菜碱	厨房洗涤剂 洗发水
	酰胺氨基酸盐（AA）	洗发水
非离子型	甘油脂肪酸酯 失水山梨醇脂肪酸酯 脂肪酸糖酯 聚氧化乙烯脂肪酸酯 聚氧乙烯失水山梨醇脂肪酸酯 脂肪酸烷醇酰胺	化妆品乳化剂 洗发水 厨房洗涤剂 食品乳化剂
	聚氧乙烯失水山梨醇脂肪酸酯（AE） 烷基糖苷（AG）	厨房洗涤剂 洗衣液 家居清洁剂 化妆品乳化剂 洗发水

Q-48 为什么屁能被点燃呢?

我们吃食物时会吃进一些空气，大肠内的各种细菌在工作中也会产生气体，另外血液中的气体也会透过肠黏膜进入肠道，这些气体混合在一起，就成了屁。

屁中所含的可燃气体为氢气与甲烷

屁中所含的可燃成分，主要为氢气以及甲烷。

氢气无色无味，是我们已知的最轻的气体。2 个氢原子结合生成 1 个氢气分子（H_2），氢气燃烧时会与氧原子结合生成水。

甲烷是天然气的主要成分，同样也是无色无味的。1 个碳原子与 4 个氢原子结合生成甲烷分子（CH_4），燃烧后会生成二氧化碳和水。

当可燃气体与空气（氧气）以一定的比例混合、密封、点燃时，就会发生爆炸。

能够引发爆炸的可燃气体浓度被称为爆炸极限。氢气的爆炸极限为 4% ～ 75%，甲烷为 5.3% ～ 14%。由于氢气的爆炸极限范围非常广，因此极易发生爆炸事故。学校的化学实验课有可能会发生氢气爆炸。天然气泄漏所引发的爆炸事故也时有发生。

我们在网上可以搜索到各种关于屁是否可燃的实验，其中有一篇文章是《屁是可燃的吗？——一名小学生的实验报告》。在这篇文章中，这名小学生在泡澡时将屁收集起来并成功点燃，同时还发现燃烧时火焰的颜色是青白色。除此之外，医院也出现过手术中因为患者放屁而引发火灾的事故。由此可见，屁中确实含可燃气体。

图1 氢气与甲烷的分子结构

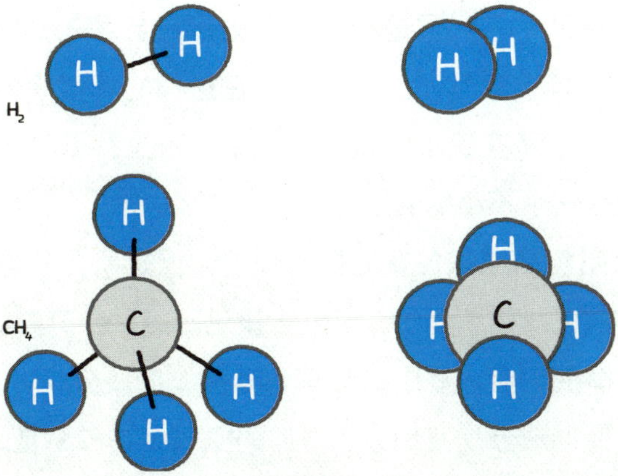

图2 氢气与甲烷在燃烧或爆炸时发生的化学反应

氢气

$$2H_2+O_2 \rightarrow 2H_2O$$

甲烷

$$CH_4+2O_2 \rightarrow CO_2+2H_2O$$

图3 氢气与甲烷的爆炸极限

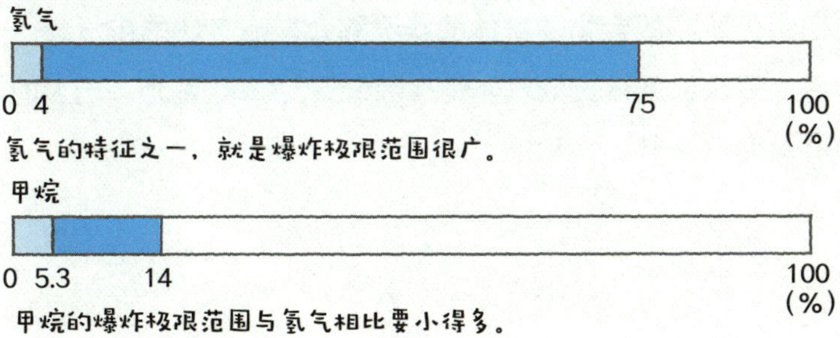

氢气的特征之一，就是爆炸极限范围很广。

甲烷的爆炸极限范围与氢气相比要小得多。

◎NASA关于"屁的研究"

以阿波罗计划及航天飞机闻名于世的美国国家航空航天局（NASA）旗下有一支研究队，曾对屁进行过一系列认真且深入的研究。航天飞机中的气压是低于标准大气压的，因此人在这样的环境中会比在正常环境中更容易放屁。但是在狭小的航天飞机中，若是存了过多又臭又有毒性的屁，那还真是一个不小的问题。

另外，太空食品虽然每餐的量比较小，但是所含热量很高，这也容易产生屁。当航天飞机中氢气、甲烷含量过高时，会有爆炸的危险。

根据研究队的研究，屁中约含有 400 种不同成分。

其中最主要的成分是我们吸入身体的氮气，约占总量的 60% ～ 70%，另外氢气占 10% ～ 20%，二氧化碳约占 10%。除此以外，还有氧气、甲烷、氨气、硫化氢、粪臭素、吲哚、脂肪酸、挥发性胺等。屁之所以会臭，就是其中氨气、硫化氢、粪臭素、挥发性胺等成分造成的。

而含量第二多的氢气，则是由大肠中的菌群产生的。通常情况下，人体摄入的糖分会在胃及小肠中被消化吸收。但当人体消化不良时，未被消化的食物纤维等糖类会进入大肠成为菌群的食物，并促使它们产生氢气。

我们的肠道内通常会有 200 毫升（约 1 杯量）左右的气体。通过放屁或打嗝所排出的气体，只占我们体内气体总量的不到 10%。

我们每天所吃的食物及身体的状况都会影响身体的排气量。一般情况下，每人每次放屁排出的气体量在数毫升至 150 毫升，一天的总排出量为 400 毫升～ 2 升。

图 4　屁的成分

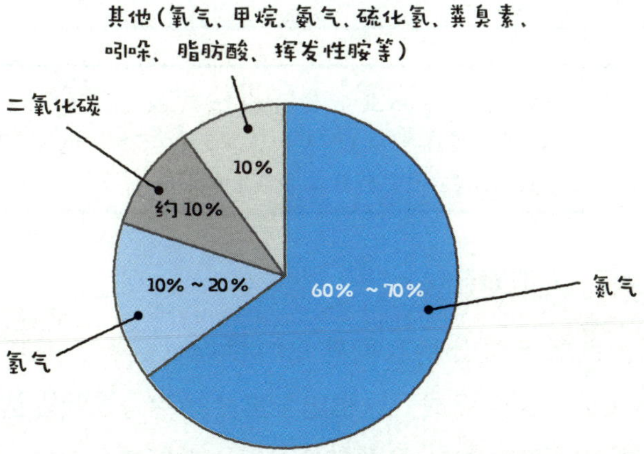

图 5　减少腹部胀气的 5 条建议

- 1. 摄入食物纤维，保持大便通畅。
- 2. 有了大便及时排出。
- 3. 有嗝就打出来。
- 4. 饭后不要马上躺下。
- 5. 细嚼慢咽，小口饮水。

出处：日经 Gooday，《憋回去的屁都去哪儿了？给成年人的身体知识讲座》

Q-49 核酸检测是种什么样的检测？

核酸检测主要应用了PCR（聚合酶链式反应，Polymerase Chain Reaction）技术。这是一种将少量DNA大量复制的技术，也被应用在遗传基因的检测中。那么，DNA是怎样被大量复制的呢？

◎ PCR技术可人工复制DNA

遗传基因的重要成分是我们熟知的DNA，它存在于所有细胞中。DNA由两条长分子结合而成，这种组合形式被称为双螺旋结构（图1）。当体细胞分裂时，两条DNA分子链会分开，并以每条DNA为样本复制成完全相同的新DNA。两条长分子结合的部位由A（腺嘌呤）、G（鸟嘌呤）、T（胸腺嘧啶）、C（胞嘧啶）4种碱基构成，这4种碱基的排列顺序就组成了遗传信息，DNA的复制就依靠这些遗传信息。

DNA在细胞内的复制过程如图2所示。首先，解旋酶将双螺旋结构的DNA解开为两条单链，DNA聚合酶再根据4种碱基的排列方式对DNA进行复制，生成两条新的DNA。PCR技术就是在人工环境中实现了本应在细胞内进行的DNA复制过程，并且在短时间内连续不断地对DNA进行复制。DNA每复制一次，数量就会增加一倍。最初的1条DNA在第一次复制后变为2条，第二次复制后变为4条，第三次复制后变为8条，以此类推（图3）。由于DNA每次复制只需几分钟时间，因此在短短1小时内，1条DNA就可以变为1亿多条。

◎ 耐热DNA聚合酶的发现促进了PCR技术的发展

在PCR过程中，人们利用温度的变化实现了DNA在短时间内的复制。这一过程如下所示（图4）。

图 1　DNA 双螺旋结构

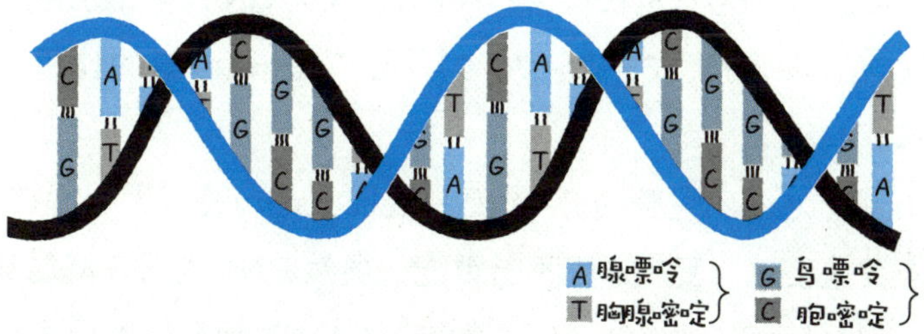

A、G、T、C 的排列顺序决定了遗传信息。通常情况下这 4 种碱基会组合为稳定的双螺旋结构。

图 2　DNA 的复制过程

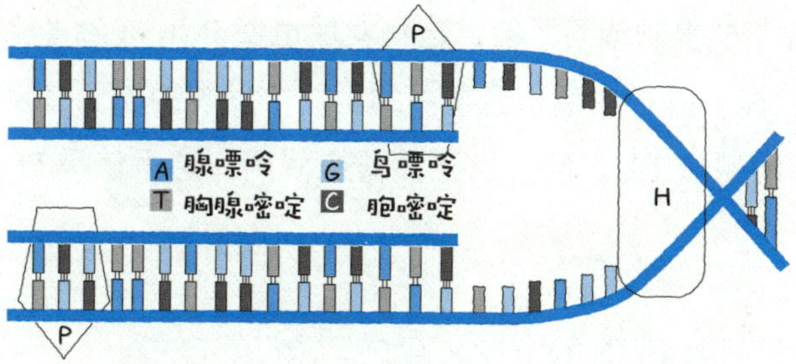

解旋酶（H）在向右移动的同时会解开 DNA 的双螺旋结构，形成两条单链 DNA。在 DNA 聚合酶的作用下，原本的单链 DNA 上合成出与其互补的 DNA 链，两者最终组合为新的双螺旋结构。

图 3　PCR 技术的 DNA 复制过程

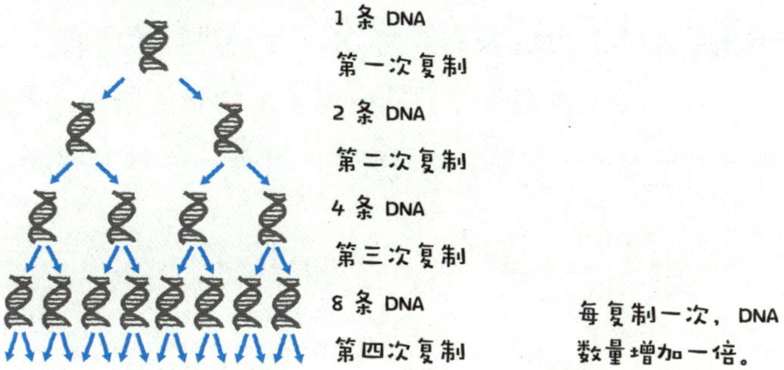

①高温（92℃）状态下双螺旋结构分解为单链。

②降低温度（60℃左右），被分解出的模板 DNA 与引物结合。

③适当升高温度（65℃～ 70℃），在 DNA 聚合酶的作用下，DNA 开始复制。

由①到③为一次完整的 DNA 复制过程，这一过程大约需要几分钟。PCR 反应就是使这一复制过程不断重复。虽然 DNA 能够在高温环境下迅速复制，但一般细胞内的 DNA 聚合酶在 90℃时就会发生变形从而失去活性，就像生鸡蛋煮熟后无法再恢复一样。因此普通的 DNA 聚合酶是无法完成这一复制过程的。

但在高温环境下依然能够保持活性的耐热 DNA 聚合酶的发现使 DNA 在高温下的复制成为可能。这一发现也使 PCR 成为可能。最初的耐热 DNA 聚合酶，是在生活于温泉中的菌群中发现的。现在，一种在高温下活性更高的耐热 DNA 聚合酶已被普遍使用，这也使得 PCR 技术被推广至世界各地。

◎ 利用新型冠状病毒的 RNA 合成、复制 DNA

在图 4 的②过程里，将能够识别出新型冠状病毒的引物设置在特殊位置上，就能够检测出是否存在新冠病毒。方法如图 5 所示。

冠状病毒是一种 RNA 病毒，它的遗传信息并不在 DNA 上，而是在 RNA 上。虽然 RNA 与 DNA 非常相似，但 PCR 技术无法增加 RNA 的数量，因此是通过将 RNA 反转录为 DNA 后再进行检测的。

PCR 技术在很久以前就应用于生物学的研究，因此在生物学研究室是非常普遍的。在笔者的研究室内就有一台 PCR 检测设备。

图 4　PCR 原理

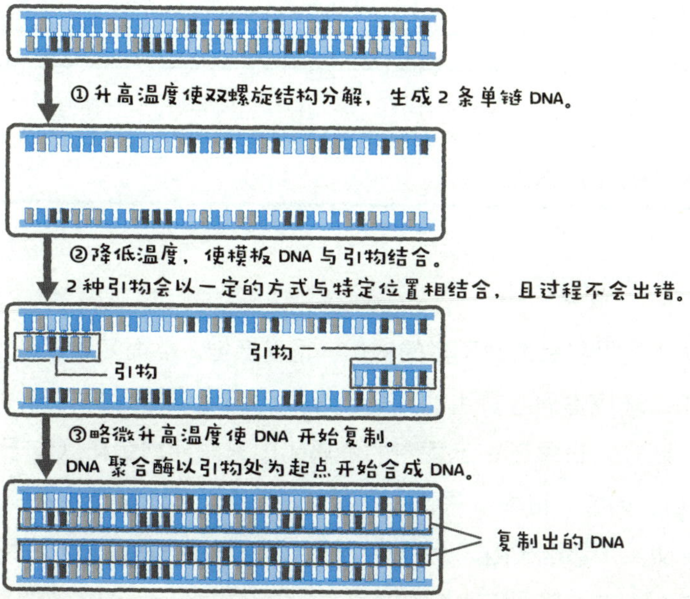

新生成的 2 条 DNA 再重复这一过程，可生成 4 条 DNA，再次重复生成 8 条——DNA 数量成倍增长。

图 5　新型冠状病毒的 PCR 检测方法

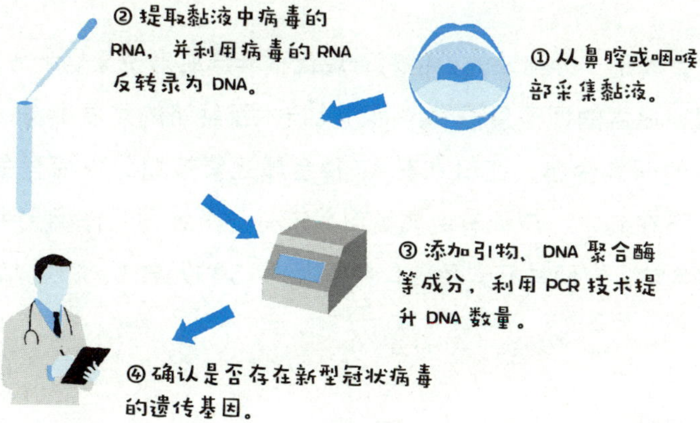

Q—50 “都市矿山”在哪儿？

在城市垃圾中，有大量废弃的家电。在这些废弃家电中还有许多有用的资源（稀有金属等）。从这个角度讲，它们就像城市中的一座矿山，可以看作可再生资源的来源之一。

什么是“都市矿山”？

日本曾是世界上为数不多的银矿、铜矿产地。然而随着资源的枯竭，以及人工、环境治理等费用的升高，许多矿山无法再经营下去，只得选择封山。现在，日本还在运营中的金属矿山只剩菱刈金矿（位于日本九州鹿儿岛）。因此，日本所需要的金属资源几乎全部依靠海外进口。

但如果将“都市矿山”也列入资源的范围，那日本则又可跻身世界少数几个资源大国之列。所谓都市矿山，是指城市中大量的废弃家电。这些家电中含有许多有用的金属资源，因此有些人认为可以进行循环利用。

每天都有新的家电、汽车被制造出来，同时旧的也在不断被丢弃。这些工业产品使用的电路板中含有金、银等贵金属，及铂、铟等稀有金属。

稀有金属是十分稀缺的，但对于现代科学产业来说又是十分重要的。稀有金属在日本的埋藏量很少，而且从技术及经济的角度出发，也是很难被提取的一类金属。在日本有 47 种金属元素被划分为稀有金属，但金和银并不在其中。与稀有金属类似，还有一个名词叫作稀土金属。稀土金属包含钪、钇两种元素及稀有金属中的 15 种元素[①]，总共 17 种金属元素。

① 日本对稀有金属与稀土金属的分类和中国不同。

图 1 都市矿山与天然矿山的采集流程对比

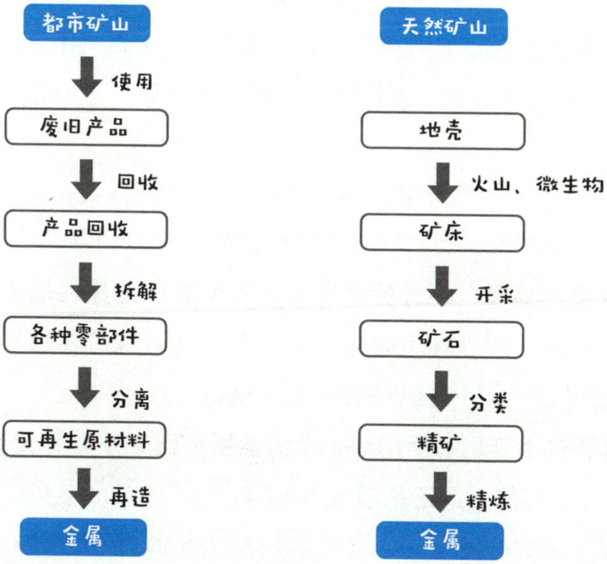

图 2 手机中所用到的贵金属与稀有金属

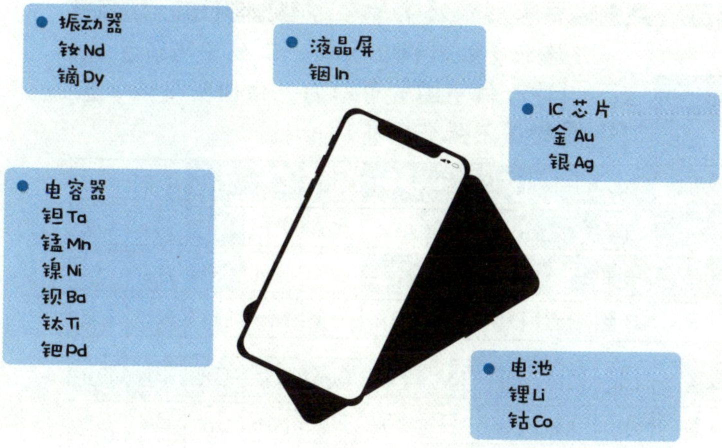

在工业加工过程中，向材料中加入少量稀有金属，就可使产品的性能获得质的提升。因此，稀有金属又被称为“产业维生素”。在我们的日常生活中，稀有金属随处可见。例如，电视、手机、相机等电子产品中均有它们的存在。可以说，没有稀有金属，就没有工业产品。

集腋成裘

一张电子线路板上确实仅含有极少量的贵金属和稀有金属，但只要电路板的数量足够多，那么贵金属和稀有金属的总量也是不容小觑的。独立行政法人日本国立环境研究所的循环型社会与废弃物研究中心称，从 1 吨电脑的线路板中可提炼出约 140 克黄金。

开采真正的金矿时，1 吨金矿也仅能提炼出 3 ～ 5 克黄金。由此可见，都市矿山含有的资源还是相当丰富的。

日本国立研究开发法人物质与材料研究机构曾在 2008 年 1 月对日

图 3　稀有金属（深蓝）与稀土金属（浅蓝）

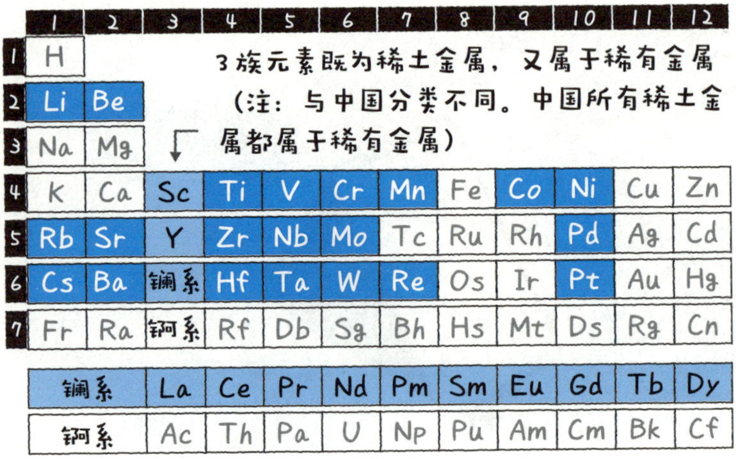

本地下含金量做出估算，结果约为 6800 吨。这一结果占世界金矿总储藏量 42000 吨的 16% 左右。银的储藏量为 60000 吨，约占世界总量的 22%。而其他占世界总储藏量 10% 左右的金属有铟（61%）、锡（11%）、钽（10%）等。

“都市矿山”一词，也可看作对稀有金属资源再利用的一种形象表达。

但是，截至目前，都市矿山中稀有金属的含有量与其有效利用率并不相符。这是由于废弃物的回收方式尚未完善、废弃物的品质（所含金属浓度、含有其他共存成分）不一，要使其重新转化为资源，所需的技术与成本都要高于从天然资源中提取。因此，人们还在不断研究相关技术，以提高都市矿山的有效利用率。

13	14	15	16	17	18
					He
B	C	N	O	F	Ne
Al	Si	P	S	Cl	Ar
Ga	**Ge**	As	**Se**	Br	Kr
In	Sn	**Sb**	**Te**	I	Xe
Tl	Pb	**Bi**	Po	At	Rn
Nh	Fl	Mc	Lv	Ts	Og

Ho	**Er**	**Tm**	**Yb**	**Lu**
Es	Fm	Md	No	Lr

Q-51 喷气式客机中的氧气面罩真是依靠化学反应制氧的吗?

喷气式客机被称为最安全的交通工具，可一旦发生事故也将是灾难性的。在空气稀薄的高空，氧气面罩是怎样确保人们在紧急时刻保持呼吸的呢?

机舱内的空气只是飞机所携带压缩空气的一部分

喷气式客机的飞行高度在 10000 ～ 12000 米的高空，那里的空气只有地面的四分之一到五分之一，十分稀薄，有时温度甚至会达到 -70℃。若是飞机的内部与外部直接出现了气体交换，乘客会因低压与低温出现呼吸困难的症状。那么，飞机内是怎样进行空气交换的呢？喷气式飞机的动力来源是喷气式发动机通过燃烧燃料提供的。但高空中的氧气稀薄，不足以使燃料获得充分的燃烧。因此，飞机通过压缩机对空气进行压缩，使其浓度增大，再与燃料混合以保证其燃烧充分。机舱内的部分空气同样也是由压缩机所提供的。

压缩机在压缩空气时使用的是绝热压缩的方法，这一方法会使空气温度提高至 200℃。这些高温空气通过发动机被输出，再通过冷却器（利用外部低温空气降温）使高温空气降至适宜的温度，最后将气压调整至 0.8 左右后输送至机舱内。就是这样，机舱内的空气得以在数分钟内实现一次循环。

紧急情况下的氧气是通过化学反应得到的

在喷气式客机的机舱内虽备有紧急时刻使用的氧气罐，但由于体积大、分量重，无法配备满足所有机组成员及乘客的氧气量。那么，紧急时刻所使用的氧气面罩中的氧气又是从何而来的呢？

图 1　喷气式客机机舱内的空气供给原理

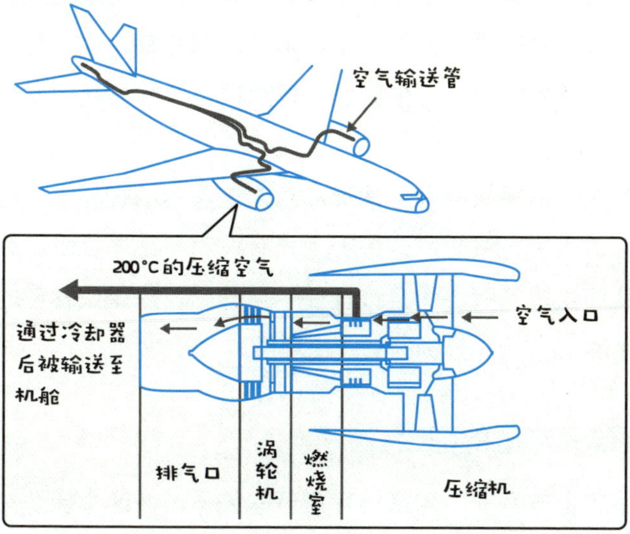

图 2　客舱用固定氧气发生系统

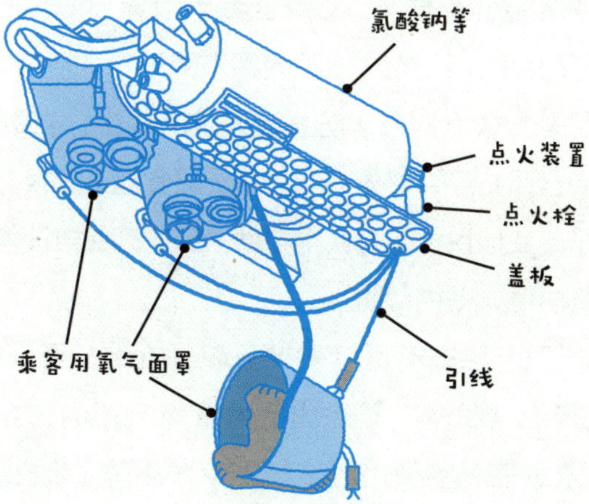

该图中有 3 个氧气面罩，拉开任意一个面罩的引线，氧气就会开始生成。

这些氧气是通过化学反应得到的，而且只有在需要时该反应才会发生。该化学反应过程有多重化学物质参与其中，其中最主要的成分就是氯酸钠。氯酸钠受热后会分解，生成氧气及氯化钠，也就是食盐。当氧气面罩上的引线被拉动时，先会引起发热反应，随后就会发生可产生氧气的化学反应。

飞机在起飞前播放的紧急情况应对方法演示的视频中，明确演示了要先拉动面罩再进行佩戴。这是因为只有拉动引线才能引发后续一系列化学反应从而生成氧气。而且该反应一旦开始，是无法暂停的。整个反应过程能提供 12 ～ 15 分钟的氧气使用量。

◎ 首先要确保自己的呼吸

氧气面罩上连有一个用来储存氧气的袋子，但这个袋子并不会像气球一样膨胀起来。有些人因为不了解这一点，所以会误认为氧气还没有产生。其实氧气储存袋的作用只是为了使面罩中的氧气不至于泄漏在外。在使用面罩时一定要正确佩戴，以防止氧气泄漏。

当紧急情况发生，机舱内气压突然下降时，人们在氧气缺乏的情况下 15 秒内就会失去意识。为了防止这一情况发生，当氧气面罩掉落下来后，首先要为自己佩戴好。若先去帮助孩子或其他人，很有可能自己先因缺氧而倒下，孩子或其他人也没有获得帮助。因此确保自己能够正常呼吸是最重要的，之后再向他人提供帮助。

在一般情况下，除非有医疗需要且获得批准，否则氧气瓶属于危险物品，是禁止带上飞机的。正是为了解决氧气瓶的安全性及重量问题，机舱内设置的紧急情况下使用的氧气面罩才采用了以化学反应来生成氧气的方式。

图 3　氧气面罩的使用方法

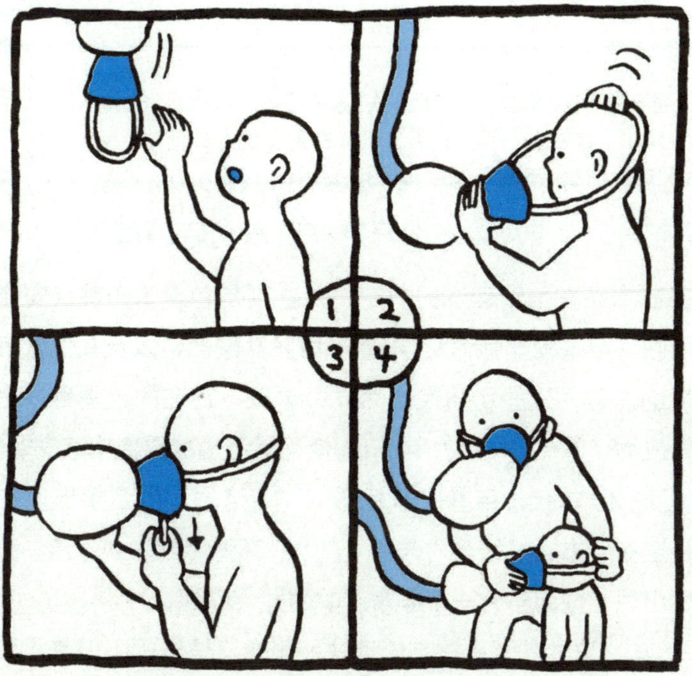

①面罩落下后，拉下面罩，使其内部化学反应开始发生。

②将面罩套在口鼻处，用绳子固定在头后部。

③此时氧气已开始输送，确保自己能够顺畅呼吸。

④帮助孩子或周围其他人戴好面罩。

Q–52 为什么兴奋剂会让人成瘾？

兴奋剂是相当可怕的。但明明知道其危害却依然会将手伸向它，并最终成瘾的人却一直存在。那么，为什么兴奋剂会使人成瘾呢？

◎ 20 世纪 40 年代，兴奋剂开始在日本药店销售

根据日本兴奋剂管理法的规定，兴奋剂是包含苯丙胺（安非他命）、甲基苯丙胺（甲基安非他命）、甲基苯丙胺盐酸盐，以及其他含有此类成分的物质的总称。这些物质在自然界中本是不存在的，是通过化学反应生成的合成物（图 1）。最初，在日本使用最泛滥的要数甲基安非他命。

20 世纪 40 年代，甲基安非他命以“菲洛本”的名字出现在普通药店中，甚至在杂志、报纸等广告中（图 2）都能看到它的身影。随后，滥用者开始出现，成为当时一个非常严峻的社会问题。

1951 年，日本的《兴奋剂管理法》颁布。该法规不但禁止了兴奋剂的使用，同时也禁止了人们持有兴奋剂。然而，即便是在 21 世纪的日本，兴奋剂依然以各种不同的名字出现在非法交易市场，而饱受毒瘾痛苦的人也从未消失（图 3）。

现在，与毒品相关的检举中占比最高的，就是兴奋剂的滥用。

◎“快乐物质”多巴胺的异常分泌

虽然法律严格禁止此类物质的使用，但滥用者依旧很多。这是由于兴奋剂会影响脑内的神经递质多巴胺（图 4），因此一旦沾染上兴奋剂，就很难脱离它的魔爪。多巴胺可以让大脑感到兴奋，提高人的注意力，使人产生快感。因此，当我们体会到快感时，就意味着大脑内多巴胺的

图 1　安非他命（左）与甲基安非他命（右）

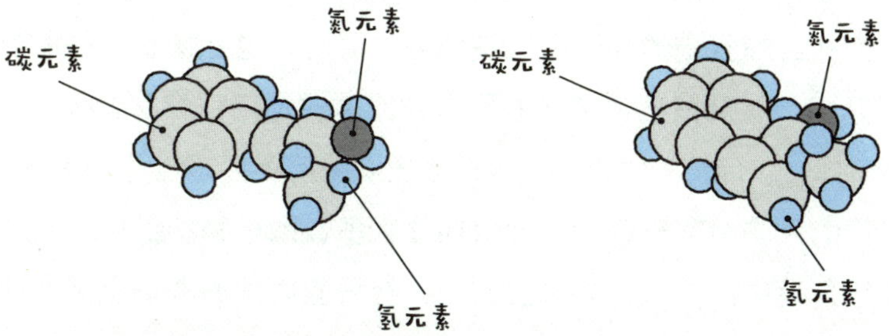

图 2　“菲洛本”的杂志广告

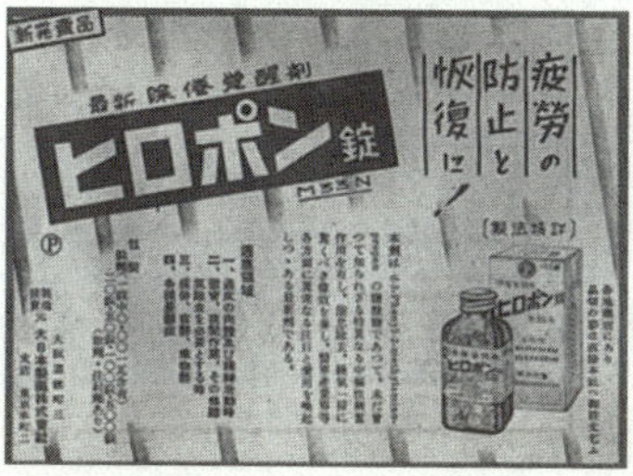

20 世纪 40 年代的杂志中所刊登的广告上可以看到“消除疲劳兴奋剂”的字样。“菲洛本”是大日本制药所起的商品名。除此之外，其他公司对含有该成分的产品也有着各自不同的名字。

供图：维基百科

图 3　兴奋剂检举者数量推移

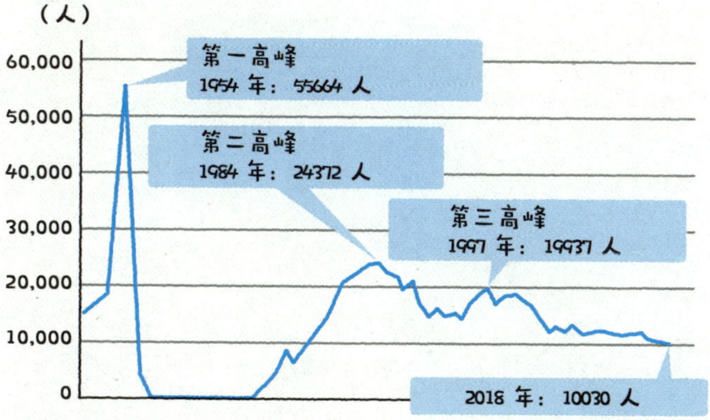

分泌量增加了。

多巴胺，是由大脑内特定的神经细胞末端分泌至神经细胞间隙的。当下一个神经细胞受体受到多巴胺刺激的同时，也会接收其中所携带的信息（图 5）。被释放出的多巴胺要么被原本的神经细胞重新吸收，要么被酶分解掉，以保证神经末端间隙的多巴胺浓度不会超过特定水平。

我们的大脑中有一扇门，会阻挡住大多数的药物。但甲基安非他命却可以轻易地破门而入，对多巴胺与神经细胞之间的关系造成影响。甲基安非他命可以促进多巴胺的分泌，同时也会阻碍它的吸收（图 6）。因此神经末端间隙的多巴胺浓度会异常增加，让人产生极大的快感。使用兴奋剂后所获得的强烈快感、兴奋、欣快感等，大约会持续 3 ~ 12 小时，在这期间人甚至可以不吃不睡，也不会感到困倦，“兴奋剂”也就因此得名。

与吸食后强烈的快感形成鲜明对照的，就是药效消失后感受到的强烈虚脱感与不安。为了逃避这些不良感受，这些人又会去寻求药物的帮助，最终变得离开药物无法生活，也就是成瘾。可是一旦成瘾，再想戒掉就非常困难了，而且毒瘾会使人的身心都非常痛苦。

图 4 多巴胺的构造

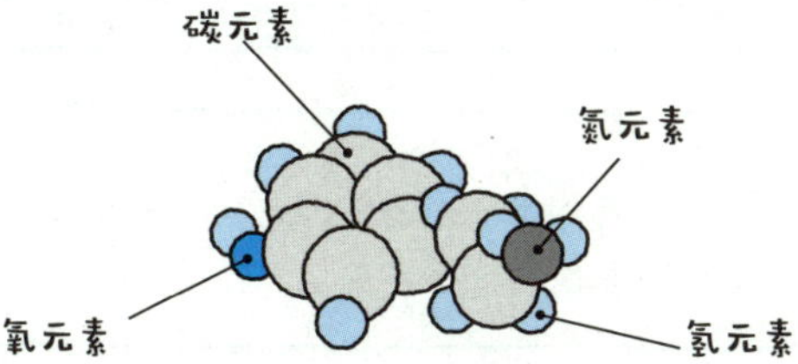

安非他命及甲基安非他命，都与多巴胺有着非常相近的构造。

图 5 神经细胞与多巴胺

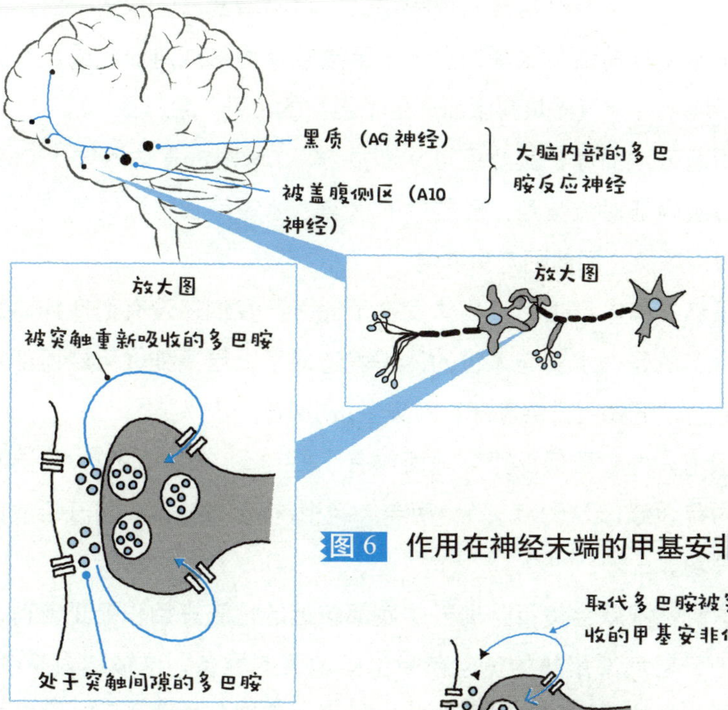

图 6 作用在神经末端的甲基安非他命

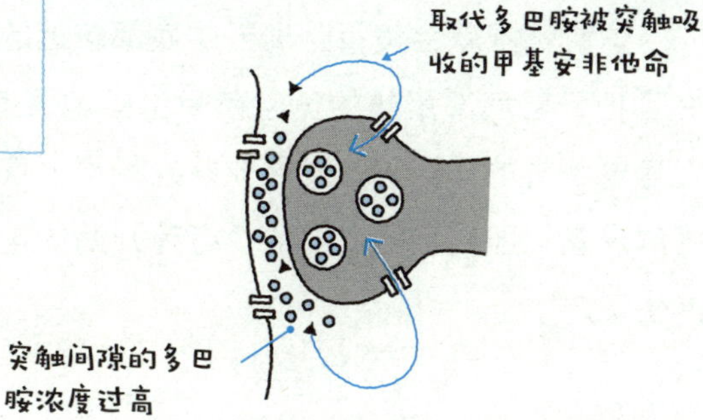

Q-53 雷为何会落下?

我们常常能在摄影作品中看到从云层落到地面上的雷。这其实是云层中的电荷到达地面产生的现象。本节我们就来研究一下雷电是怎样发生的。

积雨云中的静电

夏季，天空中经常会出现积雨云，也叫雷暴云。积雨云的产生，或是由于冷空气前沿将温暖的空气顶至高空从而形成对流，或是在夏日广阔的平地上，空气受热膨胀而产生了强烈的上升气流（图 1）。

积雨云浓而厚，其厚度可从海拔 3000 米附近直达海拔 13000 米附近。云层内部对流强烈，云层中的水滴、冰粒等在强烈的气流间不断发生碰撞、摩擦，因此而产生静电。

虽然在静电产生后又具体发生了什么，我们还没有彻底搞清楚，但可以肯定的是，水滴与冰粒的体积差造成了云层高处（云层顶部）聚集了正电荷，低处（云层底部）聚集了负电荷。

积雨云的云层顶部距离地面约有 13000 米（13 千米），云层底部距地面约有 3000 米（3 千米），两者之间相差近 10 千米。可云层底部与地面却只差 3 千米。

这种情况就会使得距离云层底部较近的地表开始积聚正电荷，并做好了把云层底部聚集的负电荷吸引向地面的准备，这被称为静电诱导。在静电诱导的作用下，发展成熟的积雨云底部与地面之间，也做好了落雷的准备，即当云层底部的负电荷开始向地面上的正电荷移动时，雷便产生了。

图 1　积雨云的形成及静电的产生

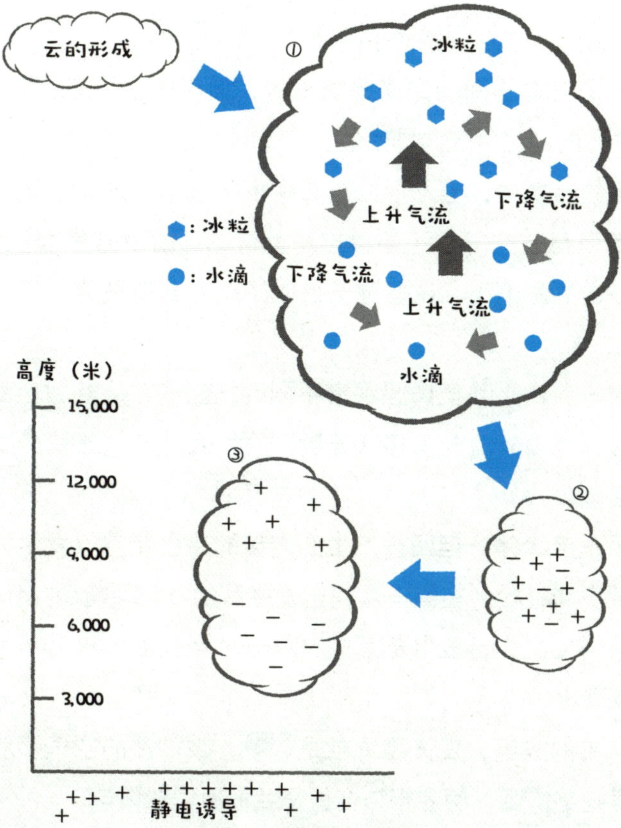

① 积雨云中的水滴、冰粒等，在碰撞、摩擦的过程中产生静电。

② 带正电的颗粒升至云层顶部，带负电的颗粒则聚集在云层底部。

③ 由于正负电荷之间存在的吸引力，在静电诱导的作用下，距云层较近的地表聚集起了一定的正电荷。

◎ 先导放电是“看不见的雷”

当云层底部与地表之间的电压差增大后，带负电的云层中的电子就会飞向带正电的地表。但在此过程中，电子会撞上空气中的气体原子而被弹至其他方向，并在气体原子间弹来弹去。

虽然原子与电子间的碰撞是随机的，但电子在地表正电的吸引下，整体的前进方向依然是朝向地面的。

在反复的碰撞中，电子形成了 Z 字形电子束，这就是先导放电。由于先导放电是在与空气的不断撞击中前进的，所以常常表现为分支状。另外，在撞击的影响下，这些电子是以跳跃方式前进的，每次前进的距离大约为 50 米。

先导放电通常是我们肉眼观察不到的。但当它接触到地面时，就会产生由正极（地表）流向负极（云层）的巨大电流。这就是主放电阶段的回击（图 2）。

空气虽是绝缘体，但回击产生的大量的热会使空气发生离子化，使电流的通过更加轻松。在第一次回击发生后的 0.05 秒以内会沿着第一次的 Z 字形轨道发生先行放电及第二次回击，随后在 0.03 秒内发生第三次先行放电及回击。

这一连串的放电、发光现象就是闪电，被加热的空气膨胀后所发出的巨大响声则是雷鸣，两者相结合就是我们所说的雷电。

图 2　雷的发生示意图

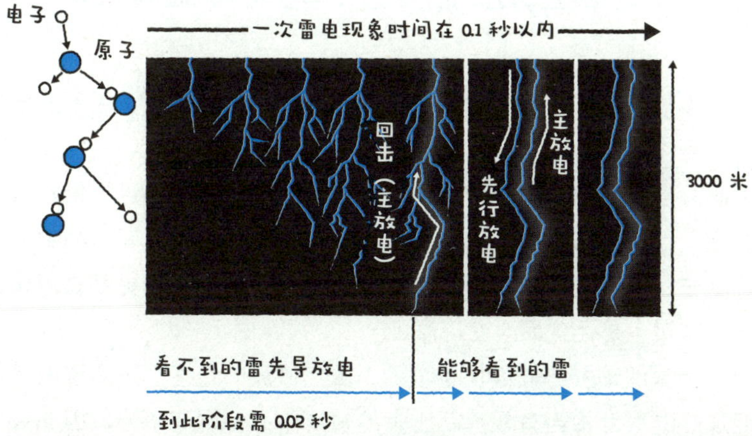

从云层底端飞出的带有负电的电子与原子发生碰撞后会改变运行方向。在不断的碰撞中，电子的前进轨迹也出现了多个分支。

图 3　冬季需注意落雷

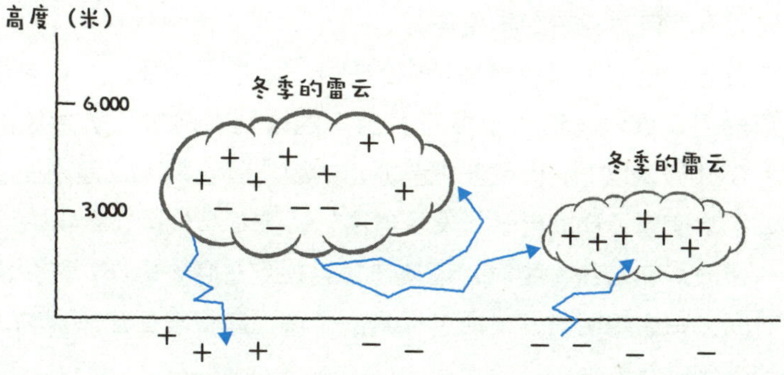

由于冬季没有夏季那样的强上升气流，因此云层位置较低。在降雨或降雪时，云层中的电荷也会随着雨、雪落至地表。另外，云团之间也会产生雷电，还有由地面传至云层中的雷。

谣言 4

微波炉会让食品变质，对身体是有害的

微波炉在加热食物时，利用的不是明火，而是微波级别的电磁波。食物中所含的水分在微波的作用下，从内部对食物进行加热。用明火加热的情况下，是利用火先将锅具加热，再通过锅具对其中的食品、水进行加热。用明火加热时，受热的并非只有食物中所含的水分，而是食物整体。所以，用锅具做菜会使食物更容易消化，而这其实也是让食品改变性质。

而微波炉加热的仅仅是水分。虽然微波炉也能加热陶瓷器具，但加热的程度相当有限。而所有的食物中必然含有水分，因此只要对水进行加热，就能够达到加热食物的目的。

那些说“微波炉有害”的人，往往是将注意力放在了电磁波上。他们认为电磁波（微波）具有放射性，会让食物受到放射性污染，利用微波炉所发出的电磁波加热食物也会使食物中残留电磁波，让食物混入非自然界中的物质等。

首先，能够引起放射性污染的是 α 射线、β 射线、γ 射线等电离辐射，微波与这些射线有着极大的区别。例如，γ 射线的波长为 0.01 微米以下，而微波炉释放出的微波波长为 12.2 厘米左右。微波不会使原子释放电子（发生电离），更不会残留在食物中。

微波炉在加热食物时，可使热量轻松到达食物内部，减少烹饪的时间。相比用明火，或通过锅具的金属、陶瓷表面加热食物，物质的变化反而更少。

谣言 5

能够去除氧自由基的人气富氢水

2007 年，日本医科大学的太田成男教授（细胞生物学领域）带领的研究团队在《自然医学》杂志（电子版）上发表了论文《氢气可有效清除有害的氧自由基》（*Hydrogen acts as a therapeutic antioxidant by selectively reducing cytotoxic oxygen radicals*），引发了富氢水的热潮。

虽然研究还处于动物实验阶段，但人们已表现出对氢气的治疗效果的关注。太田指出“氢元素的有效性，体现在其可以选择性地去除氧自由基中氧化能力最强的羟自由基”。

由于 1 升水中仅能溶解 1.6 毫克氢元素，水中所含有的氢元素是非常少的。如果用塑料瓶保存，水中的氢元素很快就会流失。如果使用铝制容器保存，在密封条件下氢元素虽不会溢出，可一旦开封，氢元素依然会大量流失。因此除了摄取富氢水，人们还会专门去吸氢气。

虽然富氢水宣称“可去除氧自由基”“能够预防癌症”“有减肥效果”，可这些功效并没有可靠的数据支撑。这也是富氢水的最大问题所在。

事实上，人体大肠内就有产氢菌，它们本身就可以产生大量的氢气。大肠内的菌群每天大约可产生 7 ~ 10 升气体，其中氢气约占气体总量的 10% ~ 20%。这些氢气一部分会随着屁被排出体外，绝大部分会被人体吸收，通过血液循环进入人体细胞。而且这部分氢元素的量，要远远大于从富氢水中所摄取的氢元素的量。若将来从医学角度真的证实了氢元素的治疗效果，那么与其从富氢水中摄取微量的氢元素，还不如多吃一些能够增加体内产氢菌的食物。

谣言 6

锗、钛材质的手环可以消除疲劳

1999 年到 2002 年间，某电视节目制作了有关负离子的特辑，大量列举了负离子的各种神奇功效。节目称，人体在吸入正离子后身心状态会发生不良改变，但负离子则不同。负离子不但可以净化空气，还能缓解人的焦虑，降低血液黏稠度，改善过敏及高血压等症状，总之对人体十分有利。在电视强大影响力的作用下，“负离子”一词成为当时的流行语之一。

随后，市场上出现了各式各样号称“可以释放负离子”的商品，其中就有以锗、钛为材料制作而成的手环、项链。这类产品宣称有益健康。例如，佩戴含有锗的项链可以改善贫血、消除疲劳、促进新陈代谢、有助发汗等。其他含有矿物质锗的商品或是使用了锗或磁石的水处理设备也宣传含有负离子。

然而，随着“负离子的来源无法确定”“没有证据表明负离子有益于健康”“有些产品会生成有害的臭氧”等负面评论越来越多，负离子潮流终于告一段落。

那些曾经以负离子作为卖点的商品会用一种负离子检测器来检测所产生的负离子。结果也往往显示“1 立方厘米范围内有数十万个负离子”。可是要知道，在同样 1 立方厘米范围内，空气中常见气体分子的数量约为 269×10^{17}（26900000000000000000）个。与此相比，检测出的负离子的含量可以说是微乎其微的。

结 语

把科学当作一种文化，去享受其中的乐趣吧！

人类最重要的特征是什么？

我认为是用双脚直立行走。

人类的发展史可追溯至 700 万年前的非洲。在那里，人类与大猩猩的共同祖先中的一部分进化成了早期类人猿，开始在深林间直立行走。他们就是在非洲中部的乍得被发现的猿人——乍得沙赫人。

随后，在距今约 580 万～ 440 万前，拉密达猿人出现了。他们是最古老的拥有人类身体特征的猿人。从他们的生活范围及身体特征中，人们了解到，早期的猿人并非因为从森林移居至草原，才渐渐由四肢行走改为双脚行走，而是在森林中居住时就已经直起腰身，站起来了。

双脚直立行走，使人类解放出了双手，令制造工具成为可能。身体的直立也使脊柱可承受的重量增加，大脑也因此获得极大的进化。另外，制造工具、使用工具刺激了大脑的进一步进化。同时，大脑的进化也使得他们在工具的制造及使用上有了更多可能性。这些人被我们称为智人。

直立行走也使喉部的空间增加，舌头的活动范围变大，语言能力也随之变得发达。语言能力又促使大脑的抽象化思维能力提高。人们学会了从艺术中寻找乐趣，学会了体谅他人，学会了思考未来。偶尔的娱乐成为这个阶段人类必不可少的项目。

可见，双脚直立行走使人类得以解放出双手去制造工具，使身体可以负担更重的头颅，而这两点也使人类进一步进化为现代人类。

虽然直立行走也使人类变得容易腰疼，还会出现内脏下垂及难产等问题，但相比这三个负面结果，人类获得的好处则要多得多。

作为本书的编写组成员，我们在举行科学交流活动时往往是站在娱乐的角度来开展活动的。我们希望大家像参加体育活动或是欣赏文学、艺术作品一样，能够在科学活动中感受到乐趣。也就是说，希望大家把科学当作文化的一部分。

若本书能让大家体会到科学的乐趣，那我们将无比荣幸。

编著者　左卷健男

主要参考文献

●Q−01

「電波時計のしくみ」SEIKO

https://www.seikowatches.com/jp-Ja/customerservice/knowledge/wave

『今いる』場所・時間がわかる測位とは」JAXA

https://www.jaxa.jp/countdown/f18/overview/gps_j.html

●Q−03

江馬一弘/著『光とは何か』(宝島社、2014年)

●Q−04

“Rayleigh-Benard Convection Cells”, NOAA Phygical Sciences Laboratory.

https://psl.noaa.gov/outreach/education/science/convection/RBCells.html

有田正光/編著、岡本博司、小池俊雄、中井正則、福島武彦、藤野毅/著『大気圏の環境』(東京電機大学出版局、2000年)

「NGKサイエンスサイト　対流がつくる不思議な模様」日本ガイシ株式会社

https://site.ngk.co.jp/lab/no79/

水島二郎、大和忠夫「ベナール対流における形の形成」『数理解析研究所講究録』1993年、第852巻、p.37-51.

藤村薫「熱対流パターンの選択機構を探る」『基礎科学ノート』1998年、Vol.5、No.2、p34-37.

田坂裕司「対流の美しき世界」『ながれ』一般社団法人　日本流体力学会、2019年、Vol.38、No.4、p.300-305.

木村竜治「対流現象を理解するために」『天気』日本気象学会機関誌、1970年、Vol.17、No.5、p.45-48.

●Q−09

荒川　泓/著『4℃の謎　水の本質を探る』(北海道大学出版会、1991年)

●Q−11

西上いつき/著『電車を運転する技術』(SBクリエイティブ、2020年)

●Q–13

「先進空力計測技術トピックス」JAXA 航空技術部門

http://www.aero.jaxa.jp/research/basic/aerodynamic/measurement/

Ed Regis, "No One Can Explain Why Planes Stay in the Air", SCIENTIFIC AMERICAN.

https://www.scientificamerican.com/article/no-one-can-explain-why-planesstay-in-the-air/

E. レジス「飛行機はなぜ飛べるのか　いまだに残る揚力の謎」『日経サイエンス』2020 年 6 月号、p. 86-93.

山中浩之「『飛行機がなぜ飛ぶか』分からないって本当？」『日経ビジネスオンライン』

https://business.nikkei.com/atcl/seminar/19/00059/061400036/?P=1

Joseph R. Chambers, Cave of the Winds The Remarkable History of the Langley Full-Scale Wind Tunnel. NASA, 2014, 534p., ISBN 978-1-62683-016-5

●Q–14

中村寛治 / 著『カラー図解でわかるジェット旅客機の操縦』(SB クリエイティブ、2011 年)

●Q–21

小沼 稔、柴田光義 / 編著『よくわかる半導体レーザー』(工業図書、1995 年)

●Q–23

日本蜃気楼協議会 / 著『蜃気楼のすべて！』(草思社、2016 年)

●Q–26

ニューガラスハンドブック編集委員会 / 編『ニューガラスハンドブック』(丸善、1991 年)

●Q–38

Sarah Kaplan, The surprising science of why a curveball curves., 2016, July 12.

https://www.washingtonpost.com/news/speaking-of-science/wp/2016/07/12/the-surprising-science-of-why-a-curveball-curves/

Arthur Shapiro, Zhong-Lin Lu, Chang-Bing Huang, Emily Knight, Robert Ennis, Transitions between Central and Peripheral Vision Create Spatial/Temporal Distortions: A Hypothesis Concerning the Perceived

Break of the Curveball., 2010, PLoS ONE, 5 (10) . doi:10.1371/journal.pone.0013296

丸山祐一「マグヌス効果の物理的メカニズムについて」『日本航空宇宙学会論文集』2009 年、Vol. 57、No. 667、p. 309-316.

●Q-43

近藤純正「放射冷却－最低気温、結氷、夜露－」『天気』2011 年、Vol. 58、No. 6、p. 75-78.

近藤純正「2. 放射冷却と盆地冷却」『身近な気象』近藤純正ホームページ

http://www.asahi-net.or.jp/ ~ rk7j-kndu/kisho/kisho02.html

上山篤史「第 4 章 熱の基礎 (3)：4.4.3 輻射」『流体解析の基礎講座 第 11 回』

https://www.cradle.co.jp/media/column/a296

What is Radiation Cooling?

https://www.hko.gov.hk/en/education/weather/meteorology-basics/00004-what-is-radiation-cooling.html

索 引

作　者

- 池田圭一

自由撰稿人

Q-17、Q-24、Q-37、Q-53

- 稻田佳彦

冈山大学教授、博士（自然科学）

Q-16、Q-21、Q-26、Q-27

- 井上贯之

自然科学教育顾问

Q-02、Q-20、Q-22、Q-35

- 大西光代

科学类作家、博士（水产学）

Q-04、Q-13、Q-38、Q-43

- 坂元新

埼玉县越谷市立大袋中学教师

Q-32、Q-39、Q-51

- 左卷健男

东京大学讲师、法政大学原教授

Q-07、Q-08、Q-09、Q-11、Q-12、Q-14、Q-31、Q-33、Q-40、Q-44、Q-48、Q-50、谣言 1 ～ 6

- 希

暗黑通信团

Q-10、Q-28、-Q45

- 实河秀敏

箕面自由学园教育顾问

Q-01、Q-06、Q-29

- 仲岛浩纪

帝塚山中学教师

Q-05、Q-30、Q-47

- 夏目熊平

千叶大学名誉教授（自然科学系物理专业）

Q-03、Q-23、Q-36

- 船田优

千叶县立船桥高中原教师

Q-18、Q-19、Q-46

- 横内正

长野县松本市立波田中学教师

Q-15、Q-34、Q-41、Q-52

- 和田重雄

日本药科大学教授、博士（自然科学）

Q-25、Q-42、Q-49

※ 下面的序号为作者执笔章节

※ 职务为撰写本书时所担任职务